# वचन चिन्तन

# वचन चिन्तन

प्रो. काशीनाथ अंबलगे

लोकभारती प्रकाशन

**लोकभारती प्रकाशन**
पहली मंजिल, दरबारी बिल्डिंग, महात्मा गांधी मार्ग
इलाहाबाद-211 001
वेबसाइट : www.lokbhartiprakashan.com
ईमेल : info@lokbhartiprakashan.com
**शाखाएँ :** 1-बी, नेताजी सुभाष मार्ग, दरियागंज
नई दिल्ली-110 002
अशोक राजपथ, साइंस कॉलेज के सामने
पटना-800 006
36 ए, शेक्सपियर सरणी, कोलकाता-700 017

**पहला संस्करण :** 2020

**मूल्य :** ₹ 300



**बी.के. ऑफसेट**
नवीन शाहदरा, दिल्ली-110 032
द्वारा मुद्रित

VACHAN CHINTAN
*by* Prof. Kashinath Ambalge

ISBN : 978-81-943648-8-7

शशिधर बिरादार, विजयकुमार
पट्टणशेट्टी, स्नेहा शशिधर, तेजस्विनी
पट्टणशेट्टी, राचण्ण अंबलगे, अपूर्वा
अंबलगे, अशिता, अदित, नील
को

# लेखक की बातें...

बारहवीं सदी का वचन साहित्य कन्नड़ साहित्य के इतिहास में अपने जनवादी एवं जीववादी चिन्तन के कारणों से एक विशेष स्थान रखता है। भारतीय समाज के सभी निम्न जाति और निम्न वर्ग के लोगों ने पहली बार अध्यात्म और समाज कल्याण का सरोकार रखते हुए साहित्य की रचना करते हैं। श्रम क्षेत्र के हर कोने से आए हुए वचनकार जो शिवशरण, शिवशरणियाँ भी कहलाते हैं, कन्नड़ साहित्य और भाषा के विकास को चरम सीमा पर ले जाते हैं।

समता, ज्ञान, जातिवाद का विरोध, स्त्री और दलितों की अस्मिता का आदर, श्रम संस्कृति का विकास वचन साहित्य के केन्द्र में सचेत था। बहुत्व और प्रतिभा का विकेन्द्रीकरण यहाँ देखने को मिलता है। जानवर चराने वाला दनगाही रामण्ण और सूळे संकव्वे ने भी वचन साहित्य की रचना की थी। 'अनुभव मंटप' द्वारा चर्चा-परिचर्चाओं की परम्परा इस साहित्य की रही है। इनके जीवन में कथनी-करनी की समानता है, विचार और आचार में समानता है।

सैकड़ों की संख्या में शरण और शराणियों ने व्यष्टि और समष्टि के हित में सोचा और लिखा। आज नौ सौ वर्षों के बाद भी लगभग पैंतीस महिलाओं का वचन साहित्य प्राप्त हुआ है, न जाने खोज में अभी कितना साहित्य मिलता होगा।

विश्व साहित्य को कन्नड़ साहित्य का कोई अनमोल साहित्य की देन हो सकती है तो वह वचन साहित्य है।

यों तो वचन साहित्यान्दोलन का पूरा चित्र हिन्दी पाठकों के सामने रखने के लिए बसवेश्वर, अक्कमहादेवी, सिद्धरामेश्वर, अल्लमप्रभु, चन्नबसवण्णा के जीवन, विचार और उनके वचनों के संकलन को लेकर मैंने किताबें लिखी हैं जो 'राधाकृष्ण प्रकाशन' दिल्ली से प्रकाशित हैं और अब अधिक ग्रंथ निकल रहे हैं। इस आन्दोलन में सती-पती दोनों भाग लेते थे और दोनों ने वचन साहित्य की रचना की है। चार ग्रंथ हड़पद अप्पण्णा-लिंगम्मा, आय्दक्की मारय्या-लक्कम्मा, मोळिगे मारय्या-महादेवी, उरिलिंग पेद्दी-काळव्वे जैसी सती पती पर भी ग्रंथ लिखने और प्रकाशित करने में आदरणीय श्री अशोक महेश्वरी जी के सहयोग से सम्भव हो

रहा है जो मेरे लिए बड़ी खुशी की बात है। इस क्रम के प्रयास में 'वचन चिन्तन' नामक एक ग्रंथ आपके हाथों में रख रहा हूँ। इसकी प्रस्तावना तो आपको वचन साहित्यान्दोलन का विस्तार से परिचय देने की क्षमता रखती ही होगी।

'वचन चिन्तन' में मैंने जो अलग-अलग सन्दर्भ में साहित्यिक पत्रिकाओं के लिए लिखा था, वे संकलित हैं। इसमें मेरे लेख हैं—शरणों साहित्य में सामाजिक चेतना, शरण और संत (हिन्दी) साहित्य में नारी, शिवशरणों के काव्य में दलित चेतना, एक वचन : एक विवेचन, शरण और संत काव्य की देन एवं सर्वज्ञ और कबीर : एक तुलनात्मक दृष्टि। कबीरदास जी तो हिन्दी संत काव्य के शीर्षस्थ कवि और समाज सुधारक थे। कन्नड़ वचन साहित्य के पूर्ण प्रभाव से लिखनेवाले जनकवि थे सर्वज्ञ। अत्यन्त ही जनप्रिय और प्रभावी कवि सर्वज्ञ कन्नड़ के सोलहवीं सदी की कन्नड़ चेतना रहे हैं। सर्वज्ञ और कबीर को तुलनात्मक दृष्टि से अध्ययन का प्रयास इस लेख में है।

डॉ. तेजस्वी कट्टीमनी कन्नड़-हिन्दी के प्रमुख लेखक हैं और मेरे और मेरे लेखन कार्य के प्रति उनका विशेष प्रेम है। यह मेरे लिए सदैव सांस्कृतिक उत्साह का विचार है। हिन्दी में मेरे साहित्य, विशेषत: वचन साहित्य को लेकर बड़ी ही आत्मीयता से लिखा करते हैं। कर्नाटक साहित्य अकादमी ने मेरे साहित्य पर एक दिवसीय संगोष्ठी का आयोजन किया था। संगोष्ठी के लेखों को संकलित कर अकादमी ने एक ग्रंथ का प्रकाशन भी किया था। इसी ग्रंथ का एक लेख—'अंबलगे जी के हिन्दी लेखन कार्य' जो डॉ. तेजस्वी कट्टीमनी जी ने लिखा है—इसमें संकलित है। उनके प्रति मेरे धन्यवाद सुमन अर्पित हैं।

इस प्रकार यहाँ के लेखों में विविध आयामों को छूने की कोशिश मेरी लेखनी ने की है, ऐसा मेरा सीमित मन कहता है। इस 'वचन चिन्तन' पुस्तक को रूप लेने में जिस किसी का प्रयास है उनके प्रति मेरा मन नतमस्तक होता है।

धन्यवाद।

**—काशीनाथ अंबलगे**

# अनुक्रम


लेखक की बातें... 7

वचन साहित्य : एक प्रस्तावना 11
    बहुत्व वचन साहित्य की विशेषता 13
    विश्व के साहित्य पाठक : कन्नड़ वचन साहित्य की ओर... 16

विभिन्न परिस्थितियाँ 19
सुन री सजनी... 27
वचन साहित्य : स्त्री चिन्तन का उत्साह काल 35

शरणों के साहित्य में सामाजिक चेतना 46
शरण और संत साहित्य में नारी 79
शिवशरणों के काव्य में दलित चेतना 85
एक वचन : एक विवेचन 94
सर्वज्ञ और कबीर : एक तुलनात्मक दृष्टि 99
शरण और संत काव्य की देन 106
प्रो. अंबलगे जी के हिन्दी लेखन 111

*अर्थ निर्देश* 119
*इसी लेखक के और भी प्रकशित ग्रन्थ* 121

# वचन साहित्य : एक प्रस्तावना

## प्रवेशिका

भारतीय भाषा साहित्य में कन्नड़ साहित्य एक विशेष स्थान रखता है और इसकी श्रीवृद्धि में कन्नड़ साहित्य की विशेष देन है।

कन्नड़ साहित्य इतिहास की धारा में बारहवीं सदी का वचन साहित्य-युग सच्चे अर्थों में 'स्वर्ण युग' कहलाता है। 'वचन साहित्य', 'शरण साहित्य' नामों से भी प्रसिद्ध बारहवीं सदी के काल विशेष में कन्नड़ के कवि-कवयित्रियों ने, जो शिवशरण और शिवशरणिया कहलाते थे, कविताओं की रचना सामाजिक, आर्थिक, सांस्कृतिक और धार्मिक आन्दोलन के लिए की थी। काव्य सृजन इनके लिए साधन मात्र था, न कि साध्य।

लगभग सैकड़ों शरण कवि-कवयित्रियों ने समकालीन सन्दर्भ में व्यष्टि और समष्टि हित को समान रूप से महत्त्व देते हुए, वचन साहित्य की रचना की थी। आज लगभग सैकड़ों शिवशरण और पैंतीस से भी अधिक शिवशरणियों का वचन साहित्य उपलब्ध हुआ है।

'वचन' गद्य-पद्य का सम्मिश्रित सरल-सरस काव्य प्रकार माना जा सकता है। इसीलिए इनके साहित्य को 'वचन साहित्य' के नाम से पहचाना गया है।

इनके जीवन और लेखन, कथनी और करनी में सुन्दर समन्वय देखा जा सकता है। इसीलिए इनके काव्य में जीवन को देखने की स्वस्थ दृष्टि है। इन्होंने जो भी अनुभव किया उसे वाणी में अभिव्यक्त किया, जो भी अभिव्यक्त किया वही जीवन दर्शन बन गया। उनका जीवन दर्शन ही काव्य दर्शन था और वही उनकी जीवन शैली भी थी।

इस काल के लगभग सभी शरण रचनाकार निम्न जाति वर्ग के थे। सभी वृत्तियों के लोगों ने इस काव्य कर्म में भाग लिया था, जैसे—मोची, ढोर , धोबी, हज्जाम, लकड़ी बेचनेवाले, रस्सी बनानेवाले, किसान, नट, गायक, चावल कूटनेवाले आदि। यहाँ तक कि वेश्या सूळे (वेश्या) संकव्वे जैसी महिला

भी हृदय परिवर्तन से शिवशरणी बनी थी और उसने भी वचन की रचना की थी। इतनी बड़ी संख्या में और विशाल आयामों से आए हुए लोगों ने एक स्थान में, एक समय में, एक ही सामाजिक हित के लिए, आत्मबुद्धि एवं समाजशुद्धि के लिए मिलकर साहित्य की रचना की है जो दुनिया के सांस्कृतिक और साहित्यिक लोक में दुर्लभ उदाहरण है।

भारत के पाँच हजार वर्षों या जितना भी बड़ा इतिहास हो—के सांस्कृतिक और साहित्यिक इतिहास में सबसे पहली बार उपेक्षित वर्ग को बोलने का मुक्त अधिकार मिला और उनकी वाणी सार्थक काव्यवाणी बन गई।

एक समय में एक शेक्सपियर या वड्र्सवर्थ का होना, एक कालिदास या रवीन्द्रनाथ टैगोर का होना मेरे लिए या किसी भी स्वस्थ साहित्य प्रेमी के लिए—आश्चर्य की बात नहीं होनी चाहिए। यहाँ तो हर कोई महाकवि था, और कवयित्री महाकवयित्री थी।

संस्कृत से हटकर लोक प्रचलित कन्नड़ भाषा में लिखना पहली बार इन लोगों ने आरम्भ किया और विकास की दृष्टि से कन्नड़ भाषा चरम सीमा को छू गई।

कविता के उद्देश्य की दृष्टि से ये कवि अत्यन्त ही स्पष्ट थे। उनकी दृष्टि में कविता लोगों तक पहुँचकर उनके जीवन को ऊपर उठाने के लिए थी।

जैसा कि माओत्से तुंग ने कहा है—जिसे समूह का शिष्य बनने नहीं आता वह कभी उस समूह का गुरु नहीं बन सकता है। इन शरण-शरणियों ने आम आदमी के जीवन से बहुत कुछ सीखा था। इसीलिए इनके काव्य में आम आदमी का हृदय बोलता है और मार्गदर्शन पाता है।

स्त्री-मुक्ति, जातिवाद का नाश, धर्म के क्षेत्र में लोकतंत्र की स्थापना, श्रम-संस्कृति की श्रेष्ठता एवं सब प्रकार की समानता, कथनी-करनी का सुन्दर समन्वय, मनुष्य-केन्द्रित जीवन-चिन्तन शरण कवियों के काव्य की प्रमुख आवाज थी। समानता ही इनके लिए योग था (समते एंबुदे योग नोड।)

इसलिए विश्वास भरी एवं ऊँची आवाज में यह कहा जा सकता है कि विश्व साहित्य की पंक्ति में कन्नड़ के वचन साहित्य को खुले दिल से रखा जा सकता है।

वचन साहित्य के प्रमुख कवि हैं—बसवण्णा, अल्लमप्रभु, सिद्धराम, चन्नबसवण्णा, अंबिगर चौडय्या, नुलिय चन्दय्य, हडपद अप्पण्णा, अय्दक्की मारय्या, किन्नरी बोम्मग्य, मडिवाल माचय्य, मोळिगे मारय्य, तुरगाही रामण्ण, उरिलिंग देव, उरिलिंग पेद्दी, डोहर कक्कय्य, एकांतद रामय्य, नगेय मारितंदे, बहुरूपी चौडय्य, मरूळ शंकरदेव, धट्टिवाळय्य, अजगण्ण, वचन भांडारी शान्तय्य, कोलशान्तय्य, सोड्डुळ बाचरस और अन्य फुटकल शिवशरण।

वचन साहित्य की प्रमुख शरणी कवयित्रियाँ हैं—नीलांबिके, नागलांबिके, मोळिगेय महादेवी, काळव्वे आय्दक्की लक्कम्मा हडपद लिंगम्म, अमुगि रायम्म, सत्यक्क, केतल देवी, वीरम्म, दुग्गळे, गुड्डव्वे, बतादेवी, सूळे (वेश्या) संकव्वे, गगम्म, रेकम्म, मसणम्म, मुक्तायक्क आदि और कई फुटकळ शिवशरणियाँ।

किसी एक भारतीय भाषा का साहित्य ही भारतीय साहित्य नहीं अपितु भारत की किसी भी भाषा का साहित्य 'भारतीय साहित्य' ही है। वचन साहित्य की जनवादी जीवन दृष्टि का अध्ययन भारतीय स्तर पर हो और चर्चा-परिचर्चा का कारण बने—यही प्रेरणा इस ग्रन्थ की रचना के पीछे काम कर रही है।

धर्म, अध्यात्म, शिक्षा और अक्षर लोक से स्त्री वर्ग सदैव वंचित रहा है। किसी समाज और देश की अर्द्ध मानवशक्ति है वह, पर सदैव उपेक्षित। बारहवीं सदी के कन्नड़ साहित्य इतिहास में स्त्री ने अपने व्यक्तित्व की मानवशक्ति को पूर्ण रूप से पहचाना है। वचन साहित्य के माध्यम से उसने अपने स्व को अभिव्यक्त किया है। व्यक्ति और समाज के अन्तरंग-बहिरंग व्यक्तित्व को अक्षरों में उसने सुन्दर ढंग से काव्यात्मक अभिव्यक्ति दी है। सैकड़ों की संख्या में महिलाओं ने वचन साहित्य की रचना की होगी। आज लगभग नौ सौ वर्षों के बाद भी पैंतीस से अधिक महिलाओं का वचन साहित्य उपलब्ध होना कोई कम सांस्कृतिक आश्चर्य की बात नहीं है।

बारहवीं सदी की शिवशरणियों में वीर विरागिनी अक्कमहादेवी का नाम शीर्ष स्थान पर है। अक्कमहादेवी का व्यक्तित्व, बुद्धि-शक्ति, नैतिक-शक्ति, सौन्दर्योपासना की शक्ति, धर्मानुसंधान की शक्ति, अध्यात्म और प्रेमात्म की शक्ति का सुन्दर समन्वय था। सभी शिवशरणियों में अक्कमहादेवी के वचनों की संख्या अधिक है। अनुभव मंटप में वह केन्द्र बिन्दु के रूप में सबकी चहेती शिवशरणी थीं। काव्याभिव्यक्ति की महान प्रतिभा, भक्ति और विनय का उत्तुंग शिखर, असीम आत्मबल और साहस उनके व्यक्तित्व की अन्य सहज विशेषताएँ थीं।

## बहुत्व वचन साहित्य की विशेषता

बहुत्व वचन साहित्य की विशेषता है। बहुजन वर्ग के श्रमिक यहाँ साहित्य की सृजनशीलता में लगे रहे हैं। एक वचनकार लिखते हैं कि 'करोड़ों वचन लिखकर थक गया हूँ।' इतनी बड़ी संख्या में, हर क्षेत्र के श्रमिकों ने, जनभाषा कन्नड़ में, अध्यात्म और समाजमुखी चिन्तन को समान रूप से अभिव्यक्ति देने की रोचकता, यह सब कैसे सम्भव हुआ होगा?

बड़ी सूक्ष्मता से और शान्तभाव से किसी भी प्रकार के पूर्वग्रह से मुक्त होकर यदि आप समग्र वचन साहित्य का अध्ययन करेंगे तो कई रोचक विचारों से आप अवश्य ही प्रभावित होंगे। यहाँ सब वचनकारों ने चर्चा-परिचर्चाओं में भाग लिया था, भीतरी चर्चा और विमर्श एवं एक दूसरों के वचनों की चर्चा और विमर्श यहाँ हुआ है। अल्लमप्रभु को सभी गुरु समझते थे और सबने उनके ज्ञान शिखर का लाभ उठाया है। अल्लमप्रभु बसवेश्वर को गुरु कहते हैं और अपने गुरु मात्र नहीं बल्कि बसवेश्वर को तो सबके गुरु समझते हैं अल्लम। अक्कमहादेवी के वचनों की श्रेष्ठता की प्रशंसा सिद्धरामेश्वर करते हैं तो सिद्धरामेश्वर के वचनों को अक्कमहादेवी श्रेष्ठ समझती हैं। चन्नबसवण्णा तो आयु में सबसे छोटे थे पर ज्ञान की दृष्टि से सबने उनके ज्ञान को स्वीकार किया था। तात्त्विक दृष्टि से सूक्ष्म चिन्तन उनके वचनों की विशेषता रही है। वे सबको मार्गदर्शन करते थे।

प्राय: अनुभव और अनुभाव के इस प्रकार मुक्त लेन-देन से एक सामूहिक चिन्तन की गरिमा बढ़ाने का विश्व में यह एक विरल मिसाल था। विश्व में प्राय: समकालीन लेखक-चिन्तक समूह सदैव एक-दूसरों की उपेक्षा करके एक-दूसरों को पीछे छोड़ने के उदाहरण ही जीवित हैं। पर यहाँ वचन साहित्य के सन्दर्भ में प्रत्येक वचनकार दूसरे वचनकारों की प्रतिभा के विकास में पूरक रहे हैं। प्राय: इसीलिए स्वस्थ समाज़ के लिए स्वस्थ साहित्य के उत्पन्न की जनवादी सांस्कृतिक घटना यहाँ सम्भव होना देखने को मिलती है। इतनी बड़ी संख्या में वचनकारों की अधिक संख्या में वचनों की रचना का कारण भी यही रहा है कि इन्होंने काव्य को एक सामूहिक और सामाजिक चेतना के रूप में स्वीकार किया था।

एक यह भी विचार वचन साहित्य को लेकर मुझे बार-बार लगा है और लिख भी रहा हूँ कि यहाँ पांडित्य, प्रतिभा और काव्य की सृजनशीलता का बहुत बड़ा विकेन्द्रीकरण हुआ था। जानवर चरानेवाला दनगाही रामण्णा (जानवर चरानेवाला रामण्णा) एवं सूळे संकव्वे (वेश्या संकव्वे) तक ने वचन काव्य की रचना की थी। इनको किसी भी समाज का अन्तिम नागरिक कह सकते हैं। सृजनशील अभिव्यक्ति में इनकी भागीदारी ने वचन साहित्य के स्तर को ऊँचा स्थान दिया है। यहाँ संस्कृत ही श्रेष्ठ नहीं है बल्कि जनभाषा कन्नड़ भी श्रेष्ठ है। पंडित वर्ग को ही लिखने का अधिकार नहीं है बल्कि कोई श्रमिक भी श्रेष्ठ साहित्य लिख सकता है। कोई विश्वविद्यालय अथवा स्थापित विद्याकेन्द्र या राजाश्रित विद्वान मंच ही श्रेष्ठ नहीं है बल्कि प्रतिदिन अनुभव मंटप में सब बैठकर जो चिन्तन-मंथन करते हैं वही श्रेष्ठतम तत्त्व दर्शन है, साहित्य दर्शन है और जीवन दर्शन है।

वचन साहित्य सन्दर्भ की एक रोचक विशेषता की ओर भी पाठकों का ध्यानाकर्षित करने की मेरी इच्छा हो रही है। यहाँ शासक श्रमिक बनने के लिए बड़े उत्सुक हैं। कश्मीर के राजा और उसकी पत्नी अनुभव मंटप के सदस्य बनकर अध्यात्म और सत् चित् आनन्द की प्राप्ति के लिए कल्याण आकर मोळकेरी नामक गाँव में रहकर, लकड़ी जंगल से लाते थे और बेचकर कायक से जीवनयापन करते हुए शरण संकुल के चिन्तन में भागीदारी करते थे। बसवेश्वर बिज्जळ राजा के यहाँ भंडारी थे और शाम तक कर्तव्य कर राजपोशाक शाम को निकालकर रखते थे एवं सरल शरण वेशभूषा में अनुभव मंटप की ओर चल पड़ते थे।

उरिलिंग पेद्दी एक बहुत बड़े मठ के मठाधीश थे, कई मठ इनके अधीन में थे। पर इन सबको त्यागकर उरिलिंग पेद्दी कल्याण की ओर पत्नी के साथ चल पड़ते हैं और एक सरल कायक करते हुए अनुभव मंटप में प्रभाग लेते हैं। यह इस जनवादी जनहित दृष्टि देने की स्वस्थ नजरिया वचन साहित्य की रही है। इसीलिए इसका विस्तार बड़ा है, भाषाभिव्यक्ति की शक्ति गहरी है, सदैव जीवन के स्तर को ऊपर उठाने के लिए वचन साहित्य जागरूक एवं प्रतिबद्ध है।

वचन साहित्य विधा पर अभी भी दो-चार विचार विस्तार कर सकते हैं। बारहवीं सदी के वचन साहित्य सन्दर्भ का 'वचन' एक विशेष प्रकार की 'काव्य विधा' है। वचन 'पद्य प्रकार' तो है पर इसे सरलता, सरसता और संक्षिप्तता के साथ सरस गद्य लय में रचित 'गपद्य' रूप कहा जा सकता है। वचन के रचनाकार 'वचनकार' और 'वचनकार्त्री' कहलाते हैं। यह भक्त और भगवान के बीच संवाद है पर सदैव यहाँ सामाजिक चेतना जागृत है। हर वचनकार सामान्यत: अपना नाम नहीं, बल्कि अपने आराध्य देव का नाम वचनांकित के रूप में रखता है। उदाहरण के लिए बसवेश्वर का वचनांकित है 'कूडलसंगमदेव', अल्लमप्रभु का 'गुहेश्वर', अक्कमहादेवी का 'चन्नमल्लिकार्जुन' इत्यादि।

'वचन साहित्य' की यह भी विशेषता है कि किसी एक युग में एक ही काल सन्दर्भ में इतनी बड़ी संख्या में वचनकारों ने वचन साहित्य की रचना की है। वह रचना चर्चा-परिचर्चा केन्द्रित है। 'अनुभव मंटप' में जो 'अनुभाव मंटप' भी था, सब शरणकुल जमा होते थे और अध्यात्ममुखी और समाजमुखी चर्चा करते थे और उसका सृजनशील उत्पन्न होता था 'वचन साहित्य'। इन वचनकारों में राजा और रंक, मंत्री और दंडनायक, जुलाहे, धोबी, नाइंद, व्यापारी, बढ़ई, किसान, मजदूर, चावल बीननेवाला, झाड़ू लगानेवाला, स्त्री-दलित सब समाहित थे।

बहुत्वमुखी कवि लेखक बहुत्वमुखी चिन्तन वचन में अभिव्यक्ति देते थे। कहा गया है कि लगभग 300 से अधिक वचनकार एवं 35 से अधिक वचनकार्त्रीयाँ रही होंगी। इनका तात्त्विक विचार प्रधानत: भक्ति-कायक-दासोह-समानता केन्द्रित था। इसका विस्तार 'वचन' में एकेश्वरवाद जगत सत्य है, जगत शिवमय और कल्याण मार्ग का कार्यागार है, जातिवाद और अस्पृश्याचरण का खंडन, समानता की ऊँची आवाज में प्रतिपादन, दैहिक परिश्रमप्रधान सत्य शुद्ध उद्‌देश्यों का कायक, गृहस्थ जीवन साधना मार्ग में बाधक नहीं, स्त्री को समान और गौरवपूर्ण स्थान और उसके अस्तित्व का पूर्णरूपेण स्वीकार, कथनी-करनी में समानता, कर्मकांड और यज्ञ यागादि का निराकरण, अन्धविश्वास का खंडन, संग्रह प्रवृत्ति की दुराशा का दूरीकरण इन विषय विचारों के चौतरफा घूमते-फिरते रहता है वचन साहित्य। 'वचन' रचना द्वारा कन्नड़ भाषा की अभिव्यक्ति शक्ति का विकास चरम बुलन्दी का स्पर्श करता है। इनके वचन साहित्य में 'व्यष्टि-समष्टि' का सुन्दर समन्वय सदैव उपस्थित है। समाजोद्धार के लिए वचन साहित्य है, वचन साहित्य सोद्‌देश्य है, जनहित में है।

## विश्व के साहित्य पाठक : कन्नड़ वचन साहित्य की ओर...

कन्नड़ के वचन साहित्य की साहित्यिक और सामाजिक शक्ति सर्वोपरि है। विश्व के साहित्य पाठकों को विशेष रूप से अपनी ओर आकर्षित करने के कई स्वभाव गुण इसमें निहित है। इस साहित्य के बहुत्व गुण अन्य भाषा साहित्य में देखने को नहीं मिलेगा।

लगभग तीन सौ से अधिक श्रमिक वर्ग के कवि कवयित्रियों ने यहाँ वचन नामक काव्य की रचना की है, साहित्यिक चिन्तन किया है, साहित्य और सामाजिक आयामों के समन्वय का स्वस्थ विवेचन इन्होंने प्रस्तुत किया है। कई रीतियों की असमानताओं के समाज को 'समता ही एक योग है' जैसे सार्वकालिक महत्त्व की घोषणा और लेखन इनका रहा है।

महिलाएँ इस दुनिया में सदैव ही उपेक्षित रही हैं, उनको सामाजिक भागीदारी से दूर रखकर साहित्य एवं सांस्कृतिक लोक में हासिये पर रही हैं वह। पर इस वचन साहित्य के सन्दर्भ में महिला अपने व्यक्तित्व विकास की बुलन्दी पर पहुँच चुकी थी ऐसा लगता है। आज लगभग नौ सौ वर्षों के बाद पैंतीस से अधिक वचनकार्त्रीयों का वचन साहित्य उपलब्ध होना परमाश्चर्य तो है ही, और यह सुनकर दु:ख भी होता है कि वैश्विक साहित्य सिनारियो में इसका उल्लेख उपलब्ध नहीं है। अनुभव और अनुभाव, साहित्य में सृजनशीलता और चिन्तन मंथन, पुरुष वर्ग

के वचनकारों के साथ स्त्री का समान रूप से लिखना उठना बैठना, पुरुष वर्ग को कई सन्दर्भों में नीतिपाठ करके मार्गदर्शन करना विशेष विचार है। इन वचनकारों ने अध्यात्म, समाजमुखी चिन्तन के लिए, काव्य और भाषा की सूक्ष्मताओं की चर्चा-परिचर्चाओं के लिए एक 'अनुभव मंटप' (Intellectual Parliament) की स्थापना की थी। उसकालीन सब शरण संकुल में महाप्रतिभावान घुमक्कड़ फक्कड़ जंगम (चलनशील) जीवी अल्लमप्रभु को अनुभव मंटप की अध्यक्षता का स्थान दिया गया था। अनुभव मंटप के सदस्यों के लिए यह अनिवार्य था कि हर किसी को कोई न कोई कायक्र करना चाहिए। आजीविका के लिए दिन भर सत्य शुद्ध कायक (परिश्रम) करो और शाम को अनुभव मंटप के चिन्तन में सक्रिय भागीदारी करो। हर एक सदस्य को अपने व्यक्तित्व में 'समानता के तत्त्व' को समझना अनिवार्य है। तो विश्व के साहित्य पाठक इसे पढ़ना क्या पसन्द नहीं करेंगे? मैं समझता हूँ कि विश्व के हर पाठक को जो साहित्य में रुचि रखता है यहाँ रोचक अनुभव होगा। उनके इस साहित्य के आमने-सामने होने से व्यक्तित्व में अल्प मात्र तो हलचल होगी।

ऐसा एक वास्तविक वैश्विक अनुभव सुनाने के लिए भी ऐसी प्रस्तावना की बातें कर रहा हूँ। मेरा एक लेखक मित्र है प्रो. टी.वी. कट्टीमनी जो आज एक अन्तर्राष्ट्रीय आदिवासी केन्द्रीय विश्वविद्यालय के कुलपति भी हैं। अपनी एक सांस्कृतिक आदान-प्रदान की योजना में वे बेल्जियम गए थे और एक विश्वविद्यालय में कन्नड़ साहित्य पर बोलने के लिए उनसे विनती की गई थी। उनके भाषण के अन्त में सामने बैठी एक युवा महिला पत्रकार प्रश्न करती है कि What do you mean by 'इस्टलिंग'? 'कायक' 'दासोह' का क्या अर्थ है? विस्तार से समझाने की विनती करती है। किसी प्रकार इन्होंने समझाया और कार्यक्रम के बाद चायपान के सन्दर्भ में उस महिला से पूछते हैं कि 'आप इस इस्टलिंग, कायक, दासोह के सम्पर्क में कैसे आईं?' वह कहती है कि मैंने बनारस में ये किताबें देखी थीं—'बारहवीं सदी की कन्नड़ कवयित्री अक्कमहादेवी और स्त्री विमर्श', 'बारहवीं सदी की कन्नड़ कवयित्रियाँ और स्त्री विमर्श'। देहली में 'राधाकृष्ण प्रकाशन' से मैंने ये किताब परचेज किया है।

आज भारत के बाहर सैकड़ों देशों में हिन्दी विभाग है और लोग इसमें रुचि लेकर हिन्दी पढ़ रहे हैं। भारत को जानने के लिए भी वहाँ उत्सुकता है। यह आज की वैश्विक, सांस्कृतिक एवं भाषाई स्थिति-गति है।

उस महिला के संवाद को लेकर डॉ. कट्टीमनी जी लिखते हैं कि 'हमारे बसवण्णा और अक्कमहादेवी ने यूरोपीय पाठकों के चित्त में हलचल कर दिया है। अंबलगे एक 'अनिवार्य आदत' की तरह हिन्दी में वचन साहित्य पर लिख

रहे हैं। मुझे बेहद खुशी होती है कि वचन साहित्य को वैश्विक मंच पर पहुँचाने का सार्थक काम हो रहा है। वचन साहित्य में वैश्विक मंच से पढ़े जाने की शक्ति भी है।'

मुझे वचन साहित्य पर हिन्दी में काम करते समय यह विचार एक ऑक्सीजन की तरह प्रेरित करता है। तेजस्वी ने कर्नाटक साहित्य अकादमी से प्रकाशित किताब में 'अंबलगे के हिन्दी लेखन' जैसा एक लेख भी लिखा है।

इन बातों का जिक्र मैं यहाँ इसलिए भी कर रहा हूँ कि हमें यह भलीभाँति पता चले कि विश्व साहित्य के मंच पर वचन साहित्य उपलब्ध हो।

# विभिन्न परिस्थितियाँ

## राजनीतिक

लगभग ग्यारहवीं सदी से उत्तर भारत की राजनीतिक परिस्थितियों में तीव्र परिवर्तन दिखाई देते हैं। इसी प्रकार दक्षिण भारत में भी विशेष राजनीतिक उथल-पुथल दिखाई देती है।

कन्नड़ के बरावी और शिवशरणों के वचन साहित्यकालीन राजनीतिक परिस्थितियों का महत्त्व इनके साहित्यिक और धार्मिक-सामाजिक क्रान्ति के कारण से ही बढ़ जाता है।

सन् 1105 से 1350 तक के दो सौ वर्ष के कर्नाटक के इतिहास में प्रारम्भिक सौ वर्षों के प्रथम काल की महत्त्वपूर्ण घटना है—कल्याण के चालुक्य वंशीय राजाओं का पतन और कलचूरी राजा बिज्जळ की उन पर विजय।

इनका शासन काल अत्यन्त ही छोटा था। कलचूरी राजा बिज्जळ के शासनकाल में कोई शान्ति-समृद्धि या स्थिरता नहीं थी। इनके शासन का महत्त्व बसव और अन्य शरणों के साहित्यिक, धार्मिक और सामाजिक क्रान्ति का कारण था। मात्र शरणों के धार्मिक और साहित्यिक कार्यों से इतिहास में बिज्जळ का अध्ययन हुआ करता था।

बसवेश्वर, बिज्जळ के मंत्री थे और साथ ही वचन साहित्य की रचना धार्मिक एवं सामाजिक परिवर्तन के लिए करते थे।

## धार्मिक

कर्नाटक में बसवेश्वर और अन्य शिवशरणों की पूर्वकालीन धार्मिक परिस्थिति अत्यन्त ही हीनावस्था में थी। धर्म में कई प्रकार की ऊँच-नीच की भावना थी। धर्म मानवीय भावनाओं को त्यागकर संकीर्ण बन गया था। कई प्रकार के धर्म-उपधर्म की गलियों में मनुष्य भटका हुआ था। धर्म के नाम पर सामान्य लोगों का शोषण

हुआ करता था और कई प्रकार के अत्याचार, अन्याय और बलि आदि धर्म की आड़ में चलते थे। जाति-उपजातियों में संघर्ष सामान्य बात हो गई थी। समाज ब्राह्मण, क्षत्रिय, वैश्य और शूद्र जैसे वर्गों में विभाजित था। उच्च जाति के ब्राह्मण अपने आपको धर्म का ठेकेदार समझते थे और दूसरों का शोषण करते थे। तद् युगीन सब प्रकार की सुविधाएँ ब्राह्मणों के यहाँ केन्द्रित थीं। इसीलिए अनिष्ट जाति पद्धति के मूल वर्ण को बसवण्णा ने चुनौती दी और कहा कि उद्योगों के अनुसार आदमी को पहचाना जाना चाहिए :

> 'वर्णानां किं प्रयोजनं?' इसीलिए / लोहा गरमाया लोहार कहलाया / कपड़ा धोया धोबी कहलाया / सूत ताना जुलाहा कहलाया / वेदपाठ किया विप्र कहलाया, जग में कान से कोई पैदा हुआ है?

शूद्रों का जीवन तो पशु-पक्षियों से भी गिरा हुआ था। अस्पृश्य गाँव से हटकर दूर झोंपड़ियों में रहते थे। इनको घंटी बजाते हुए गाँव में प्रवेश करना पड़ता था ताकि उच्च वर्ग के लोग इनकी छाया से भी बच सकें। उच्च जाति के लोगों की वाणी ही दूसरों के लिए धर्म था, और कोई प्रश्न भी नहीं कर सकता था। लोगों के धर्माचरणों में धर्म की बातें कम और श्रद्धा अधिक थी। धर्म के नाम पर वामाचार अत्यन्त ही असह्य था। अन्धश्रद्धाओं में जकड़े लोगों की मानसिकता की ओर डॉ. पि. बि. देसाई ने इशारा किया है कि :

'Religion, religious dogmas, religious observances and superstitions held men and their minds under their firm grip. Vedic Sacrifices were performed and animals were Immolated'.

लोग यह मानते थे कि गाँवों की चारों दिशाओं में अनिष्ट शक्तियाँ वास करती हैं और इनकी असन्तुष्टि के कारण बीमारियाँ फैलती हैं। इसलिए इन्हें प्रसन्न करने के लिए लोग, दर्गम्मा, कबम्मा, चौड़म्मा आदि ग्राम देवताओं की उपासना करते थे। इनको प्रसन्न करने के लिए पशुबलि चढ़ाना, अग्नि पर चलना और इनके लिए जात्रा महोत्सव करना आदि अन्ध श्रद्धाओं से मनुष्य घिरा हुआ था। इन शक्ति-देवियों के उत्सवों में पशुबलि, स्त्रियों की नग्नसेवा और कहीं-कहीं तो नर बलि भी दी जाती थी।

मूर्तिपूजा की प्रधानता थी इसलिए असंख्य मन्दिर और मठों के निर्माण हुए धार्मिक जीवन में पुजारियों की प्रधानता थी। मन्दिरों में धर्म की साधना नहीं बल्कि ऐश की आराधना होती थी। ये शोषण और धनार्जन के केन्द्र बन गए थे। अपना-अपना स्वार्थ साधने के लिए उच्च जाति के लोगों ने मन्दिरों का पूरा-पूरा दुरुपयोग किया। देवदासी पद्धति प्रचलित थी। देवदासियों ने देवताओं को नृत्य

चढ़ावे के स्थान पर पुजारी और उच्च जाति के लोगों को अपना शरीर दिया। इसीलिए बसवेश्वर ने मन्दिर निर्माण का विरोध किया होगा :

*धनवान शिव मन्दिर बनवाते हैं,*
*मैं गरीब, मैं क्या कर सकता हूँ।*
*मेरे पैर ही मीनार, शरीर ही मन्दिर,*
*शिर ही सोने का मुकुट है,*
*कूडल संयमदेव! जड़ नाशमय है चेतन अविनाश है।*

लेकिन कुछेक मठ-मन्दिरों ने सांस्कृतिक केन्द्र बनकर शिक्षा-प्रसार का काम किया लेकिन अधिकांश मठ-मन्दिर और तीर्थ अन्धभक्ति, अज्ञान और शोषण के केन्द्र थे। वेदशास्त्र का अध्ययन भी स्वार्थ साधने के लिए हुआ करता था। उनके यथार्थ ज्ञान से सामान्य लोगों को दूर रखा गया था। पशुबलि और जड़ कर्मकांड के वेदशास्त्रों का खंडन इन शिवशरणों ने इसीलिए किया है।

सैकड़ों देवों की आराधना में फँसे हुए मनुष्य की बुद्धि पर अज्ञान की चादर फैली हुई थी। लोगों को अन्धविश्वास और अज्ञान के दलदल से मुक्त करने का शिवशरणों का प्रयास एक महान कार्य था।

उच्च जाति और वर्ग के लोगों ने समाज का शोषण करने के लिए धर्म को माध्यम बनाया था। वेदाध्ययन का अधिकार स्त्री और शूद्रों को नहीं था। नारी की स्थिति अत्यन्त ही दयनीय थी। वह किसी प्रकार के संस्कार के योग्य नहीं मानी जाती थी। वह भोग की वस्तुमात्र थी। होम-हवनादि अर्थहीन आचरणों की भरमार थी।

भाग्यवादी लोगों की मानसिकता यह सोचकर शान्त थी कि जो मिलता है उसे स्वीकार करना चाहिए, यह सब पूर्व जन्म का फल है। लोग शगुन-भविष्य आदि पर अधिक आश्रित थे।

जब एक समूचे समुदाय के जीवन में इस प्रकार का अज्ञान फैला हुआ हो तो उस पर विचार करना, क्रान्ति की ओर ले जाना अत्यन्त आवश्यक होता है। शिवशरणों ने समाज को इसी ज्ञान प्रकाश की ओर ले चलने का काम किया था।

## सामाजिक

शिवशरणों का पूर्वकालीन समाज अत्यन्त ही हीनावस्था में था। अशान्ति, अतृप्ति, संघर्ष और सामाजिक मूल्यों का नाश, धर्म का अध:पतन तत्कालीन समाज

का पतित रूप था। कई प्रकार की असमानताओं से समाज विषैला बन चुका था। उच्च-नीच जातियाँ, उद्योग में श्रेष्ठ-कनिष्ठ, आर्थिक दृष्टि से अमीर-गरीब, स्त्री-पुरुष भेद, और इसी प्रकार की अन्य असमानताओं से समाज रोगग्रस्त बन गया था। कथनी-करनी, अन्तरंग-बहिरंग में विभेद, स्वउद्योग में निष्ठा का अभाव और बाह्याडम्बर में जीवन व्यतीत करता हुआ, अनीतियों और धर्मान्धता के पंजे में सामान्य मनुष्य जकड़ा हुआ था। इस प्रकार समाज असन्तुष्ट था।

खेती उस युग का प्रमुख उद्योग था। लुहार, कुम्हार, जुलाहा, मोची और धोबी आदि अपने-अपने उद्योग करते थे। ये उद्योग वंश परम्परा से चल रहे थे। वैश्य व्यापार करते थे। दूसरे लोग आवश्यक वस्तु इनसे खरीदते थे।

जाति-पद्धति प्रचलित थी। ब्राह्मण, क्षत्रिय, वैश्य, शूद्र जैसे वर्ण में समाज बँट गया था। यों तो वर्ण पद्धति के कठोर नियम ढीले पड़ गए थे। और कई प्रकार की जाति-उपजातियों का निर्माण हो चुका था। ब्राह्मण इनमें उच्च क्षेत्रीय शासन के अधिकारों का अनुभव करते थे और समाज में वैश्यों और शूद्रों की उपेक्षा थी। क्षत्रियों को ब्राह्मणों से शिक्षा मिलती थी। शिक्षा, धर्म, उपनिषद और वेदाध्ययन ब्राह्मणों की सम्पत्ति बन गई थी।

चातुर्य वर्ण के अलावा एक वर्ग अस्पृश्यों का था जिनका जीवन कुत्तों से भी गिरा हुआ बन गया था। अछूतों की छाया से भी उच्च वर्ग के लोग बचते थे। उनके साथ खान-पान के सम्बन्धों की कल्पना भी नहीं की जा सकती थी। समाज के सभी वर्गों की सेवा करने पर भी गाँव से दूर झोंपड़ियों में सांसारिक सुख-सुविधाओं से वंचित होकर उन्हें रहना पड़ता था। अस्पृश्यों की स्थिति अत्यन्त ही दयनीय थी। इस अन्त्यज का तो नाम तक नहीं होता था। इस प्रकार शूद्र और अस्पृश्यों का जीवन अत्यन्त ही दयनीय और हीन था। शारीरिक दृष्टि से वे मनुष्य लगते थे पर मनुष्य की सुविधाएँ उन्हें प्राप्त नहीं थीं। इसीलिए बसवेश्वर ने स्पष्ट रूप से जाति-पद्धति का विरोध किया और कुल को निष्प्रयोजक बताया है।

ब्राह्मणों के बाद समाज में दूसरा स्थान क्षत्रियों का था। यज्ञ आदि करने, शिक्षा प्राप्त करने का अधिकार इन्हें था। मृत्युदंड से ये मुक्त थे। तीसरा स्थान वैश्यों का था। ये व्यापार करते थे। समाज में चौथा स्थान शूद्रों का था जिनका सारा जीवन उच्च जाति के लोगों की सेवा में बीत जाता था। समाज में इन्हें न कोई अधिकार था न कोई सुविधा। अन्तिम और अत्यन्त ही उपेक्षित वर्ग अस्पृश्यों का था।

इन जाति और वर्गों के अतिरिक्त कई प्रकार की जाति-उपजातियाँ बन चुकी थी। सोड्डल-बाचरस का एक वचन, यह स्पष्ट करता है कि किस प्रकार

उस युग में पुरुष के भिन्न-भिन्न अंगों से भिन्न-भिन्न जातियों की कल्पना की गई थी :

*मस्तक ब्राह्मण, नयन क्षत्रिय,*
*नाक बनिया, अधर खेतिहर*
*चोटि ब्राह्मण, नेत्र क्षत्रिय*
*नाक बनिया, अधर किसान,*
*कान ग्वाल, गर्दन कुम्हार*
*बाँहें पंचाल, हथेली गौड़ी*
*नख हज्जाम, पेट डोंब*
*पीठ धोबी, त्वचा जुलाहा।*

अन्तरजातीय विवाह का उस समाज में विरोध था। धर्मशास्त्र में विवाह की अनुलोम पद्धति की अनुमति थी। नरेशों की बहुपत्नियाँ होती थीं। प्रत्येक जाति में कई उपजातियाँ होती थीं और उन उपजातियों में ही विवाह होते थे। छोटी आयु में विवाह होते थे।

शिवशरण पूर्व युगीन समाज में नारी की अत्यन्त दयनीय स्थिति थी। वह भोग की वस्तु, पाप की पिटारी और साधना के मार्ग में बाधा डालनेवाली पापिन मानी जाती थी। उस युगीन सामाजिक व्यवस्था की विडम्बना है कि शूद्र और स्त्री किसी प्रकार के संस्कार के अयोग्य माने जाते थे, और माना जाता था कि वह किसी प्रकार के स्वातंत्र्य के योग्य नहीं। स्त्री को बाल्यावस्था में पिता पर, यौवनावस्था में पति पर, और वृद्धावस्था में पुत्र पर निर्भर रहना पड़ता था। नारी सम्बन्धी मनु का यह श्लोक प्रसिद्ध है :

*पिता रक्षति कौमारे, भर्ता रक्षति यौवने*
*रक्षति स्थाविरे पुत्रा, न स्त्री स्वातंत्र्यमर्हति।*

वैदिक और जैन धर्म स्त्री को मुक्ति प्राप्ति के योग्य नहीं मानते थे। जीवन की कोई सुविधा नारी को प्राप्त नहीं थी जो पुरुष को थी। शिक्षा से वंचित नारी को पुरुष की छाया के समान जीवन व्यतीत करना पड़ता था। सती प्रथा प्रचलित थी। अपमानजनक, उपेक्षित विधवा जीवन से ऊबकर सती होना ही वह श्रेष्ठ समझती थी। क्षत्रियों में यह पद्धति अधिक थी। स्त्री की इच्छा-अनिच्छा की उपेक्षा कर उसे मृत पति के साथ जला दिया जाता था। इस प्रकार उस समाज में हजारों बन्धनों में बँधी स्त्री सजीव शव थी। नारी को इस दलदल से मुक्त करने के लिए शिवशरणों ने स्त्री-पुरुषों की समानता की घोषणा कर दी और समग्र व्यक्तित्व विकास की सुविधाएँ उसे दी गई।

कुछेक मठ-मन्दिरों ने सामाजिक जीवन को सुखी करने का प्रयास किया था। ये सांस्कृतिक और विद्या के केन्द्र होते थे। लेकिन अधिक संख्या में मठ-मन्दिर अज्ञान, अविद्या, अन्धश्रद्धा, स्वार्थ और शोषण के केन्द्र बन चुके थे।

भेदभावना की वृत्ति ने समाज को टुकड़े-टुकड़े कर दिया था। ब्राह्मण का पुत्र ब्राह्मण और कुम्हार का पुत्र कुम्हार ही हो सकता था। ब्राह्मण मात्र वेदशास्त्राध्ययन से हटकर अन्य उद्योग कर सकता था लेकिन शूद्र या अस्पृश्य ऐसा नहीं कर सकता था।

समाज की इस व्यवस्था ने ब्राह्मणेतरों को प्रगति की ओर जाने से रोका था। मेहनतवाले सारी सुविधाओं से वंचित थे, ब्राह्मण, राजा, मठाधीश, मंत्री, पुजारी आदि दूसरे के मेहनत का फल भोग रहे थे। अन्धश्रद्धा, आलस्य, अज्ञान, स्वार्थ, जड़ परम्पराओं ने समाज को कमजोर बना दिया था। धार्मिकाचरण का प्रतीक देवदासी ने वेश्यावृत्ति का रूप ले लिया था।

इस प्रकार कई प्रकार के विचित्र और भयंकर अन्धविश्वासों के जाल में समाज जकड़ा हुआ था। स्त्री की उपेक्षा सब जाति और वर्गों में थी।

कन्नड़ के शिवशरण कालीन समाज की रचना और परिस्थितियाँ उपरोक्त कह दी गई हैं। समाज के जागरूक और सजग प्रहरी बसवेश्वर और अन्य शिवशरणों ने धार्मिक क्रान्ति द्वारा सामाजिक और साहित्यिक क्रान्ति कर दी। सब प्रकार से समान समाज की स्थापना उनका उद्देश्य था। इसी उद्देश्य की प्राप्ति के लिए इन्होंने काव्यशास्त्र का प्रयोग किया था। इस प्रकार के काव्य का अध्ययन उसकी सामाजिक चेतना की दृष्टि से करना अपने आप में महत्त्वपूर्ण स्थान रखता था।

## साहित्यिक

बारहवीं सदी के शिवशरणों के पूर्वकालीन संस्कृत प्रधान साहित्य का बहुत बड़ा भाग बहुत बड़ी संख्या में लोगों के लिए बहुत बड़ा शून्य (Zero) था। राजाश्रय में रहकर परम्परावादी पंडितों ने चम्पूकाव्य की रचना की। राजा-महाराजाओं, पंडितों और वैद्यों का दासी कन्नड़-साहित्य संस्कृत के शिकंजों में सिसकियाँ ले रहा था।

लोग यह मान रहे थे कि काव्य प्रतिभा ईश्वर की देन है, पूर्वजन्म के पुण्य मात्र से ही कोई काव्य रचना की शक्ति प्राप्त कर सकता है। राजाश्रित वह साहित्य उन नरेशों की शृंगारिक मानसिकता को तृप्त करने में ही धन्य समझता था और आश्रयदाता नरेशों को चाँद, सूरज, वीराधिवीर, अरिकेसरी आदि बढ़ा-चढ़ाकर वर्णन करने में वह तृप्त था। इनके राजा इनकी रचनाओं में महाभारत के वीरनायक थे। ये रचनाएँ सामान्य लोगों तक जाने, आलोचकों से आलोचित और चर्चित होने,

ज्ञानवृद्धि करने के लिए नहीं, बल्कि राजा की प्रशंसा प्राप्त करने और पूजागृहों में पूजित होने के लिए थीं। सामान्य लोग, शूद्र और अस्पृश्यों एवं स्त्री के लिए साहित्य अस्पृश्य और जड़ वस्तु थी।

ग्यारहवीं सदी का कन्नड़ साहित्य शास्त्र-साहित्य (रीति साहित्य) माना जाता है; दसवीं सदी के उत्तरार्ध में नागवर्मा प्रथम की 'धन्दोबुधि' ग्यारहवीं सदी के लिए चाउंडराय द्वितीय की 'लोकोपकार' चन्द्रराजा की 'मदनतिलक, श्रीधराचार्य की 'जातक तिलक' आदि शास्त्र-साहित्य की रचनाएँ हैं।

वचन साहित्य के पूर्व के साहित्य की विशेषताएँ इस प्रकार गिनी जा सकती हैं :

(1) परम्परावादी साहित्य
(2) पंडितों की पांडित्यपूर्ण काव्य की रचना
(3) रीतिबद्ध चम्पूकाव्य की रचना
(4) काव्य में विविधता नहीं, चर्वित-चर्वण विचार
(5) संस्कृत भाषा का पूरा प्रभाव
(6) केवल वस्तुनिष्ठ काव्य (कला के लिए कला)
(7) सीमित पाठक-वर्ग (केवल पंडितों) के लिए रचा गया साहित्य
(8) राजाश्रित साहित्यकार
(9) कल्पना और अवास्तविक वर्णनों की भरमार
(10) आश्रयदाता नरेशों का बढ़ा-चढ़ाकर वर्णन
(11) जनविरोधी साहित्य-मूल्य

तद् युगीन साहित्य राजा-महाराजा और दरबार के निकट और सामान्य लोगों से दूर था। उसी साहित्य को भव्य माना जाता था।

वचन साहित्य के पूर्व साहित्य की ऐसी ही स्थिति थी, वहीं बारहवीं सदी का साहित्य परिवर्तन की दिशा ढूँढ़ रहा था। समय परिवर्तन की प्रतीक्षा कर रहा था। बारहवीं सदी में बसवेश्वर और उनके अन्य समकालीन शरणों से पूर्व 'वचन' साहित्य समय की माँग थी। पंडितों से सामान्य लोगों की ओर, संस्कृत के प्रभाव से देशी भाषा की ओर साहित्य जा रहा था। वचन-साहित्य पुरानी कन्नड़ से मध्यकालीन कन्नड़ की ओर, चम्पूरीति से देशीय रीति की ओर, कठिनता से सरलता की ओर, भ्रमों से स्पष्टता की ओर अग्रसर होता हुआ दिखाई देता है। वचन साहित्य की लोकोन्मुखी विषयवस्तु, सरल कन्नड़, नई शैली गद्यात्मक पद्य के अपने गुणों के कारण लोगों को अपनी ओर तुरन्त आकर्षित करने लगा। सामाजिक चेतना वचन साहित्य की अपनी विशिष्ट शक्ति बन गई थी। बारहवीं सदी साहित्यिक दृष्टि से चम्पू साहित्य को कमजोर करने का काल था, राजनीतिक दृष्टि से शौर्य, साहस और वीरोत्साह का काल था, और सामाजिक दृष्टि से नए

विचार और नए मूल्य की स्थापना से सामान्य लोगों को अपने में समेटकर सारी सामाजिक व्यवस्था को बदल डालने का काल था। ऐसी पृष्ठभूमि में शरणों के वचन साहित्य का उदय एक सहज घटना लगती है।

यदि चम्पू (एक छंद) साहित्य लोगों की सहानुभूति से वंचित था तो वचन साहित्य सामान्य लोगों पर या सामान्य लोगों के लिए निर्मित था।

वचन साहित्य के प्रारम्भ का स्पष्ट चित्र तो हमें नहीं मिलता। लेकिन पंडितों ने 'देवर दासिमय्या' को प्रथम वचन रचनाकार माना है। बसवेश्वर का एक वचन इसे स्पष्ट करता है कि बसवेश्वर और उनके समकालीन शरणों से पूर्वकाल में वचन साहित्य का निर्माण हो रहा था।

बसवेश्वर के पूर्व में वचन साहित्य का सृजन अत्यन्त मन्द गति से हो रहा था। आगे आनेवाले शरणों के युग में वचन काव्य-रचना एक आन्दोलन का रूप धारण कर चुका था।

जब इन शिवशरण और शरणियों ने कल्याण (आज का बसवकल्याण बीदर जिला) को अपना कार्य क्षेत्र बनाकर अनुभव मंटप की स्थापना की तो इन्होंने वचन साहित्य की रचना प्रचुर मात्रा में की। इसकी आलोचना-प्रत्यालोचना के फलस्वरूप उसमें वैचारिकता की गम्भीरता आई।

इन्होंने सामाजिक चेतना से प्रेरित होकर लोगों की अन्ध भक्ति और अज्ञान को दूर करने के लिए, सब प्रकार से समान स्वस्थ समाज की स्थापना के लिए काव्य की रचना की।

# सुन री सजनी...

किसी समाज या देश की अर्धशक्ति स्त्री होती है। स्त्री धरती माता कही गई है। वह अपना सब कुछ समर्पण कर इस संसार का लालन-पालन करती है। पर अत्यन्त ही दुःख का विषय है कि वह सदैव ही उपेक्षित रही है। स्त्री इस विश्व की सर्वप्रथम दलित है। इस पुरुष प्रधान समाज में व्यक्तित्व विकास के सब प्रकार के अवकाशों से वह वंचित रही है। वह भोग की वस्तु मानी गई है। नारी बाल्यावस्था में पिता पर, यौवनावस्था में पति पर और वृद्धावस्था में बेटों पर निर्भर रहती है।

भारत में वैदिक चिन्तन ने तो स्त्री व्यक्तित्व की सर्वोपरि उपेक्षा की है। मुँह से तो यह भी कहा गया कि 'मातृ देवो भव:' जहाँ नारी की पूजा होती है वहाँ देवता लोग रमते हैं, वह आदिशक्ति परमेश्वरी के प्रतीक के रूप में है, आदि। पर वास्तव में वह नारकीय वेदनाओं में जीवनयापन करती रही है। इस देश के हर गाँव में देवी के मन्दिर मिलेंगे, त्रिमूर्तियों के दाँत खट्टे करनेवाले असुरों का संहार करनेवाली देवी तथा उसकी प्रभुता को स्वीकार करनेवाली पुराण कथाएँ उपलब्ध हैं। पर यथार्थ में उसे हर स्थान, हर मान और हर कार्य के लिए अयोग्य बतानेवाले प्रतिबन्ध भी पाए जाएँगे। स्त्री को झूठ का अवतार मानते हुए याज्ञवल्क्य और वशिष्ठ ने उसे साक्षी के लिए भी अयोग्य घोषित किया था। दयालु और करुणामयी धर्ममार्ग के गौतम बुद्ध ने भी कोई समानता का स्थान स्त्री को नहीं दिया था।

स्त्री ने पुरुष के जीवन में माँ, पत्नी, बहन, बेटी, बनकर उसके जीवन को आलोकित किया, मधुर बनाया, सार्थक किया और चेतना की शक्ति बनी रही। तुलसीदास जैसे महान संत कवि ने भी बिना संकोच के स्त्री के बारे में कहा कि 'ढोल, गँवार, शूद्र, पशु, नारी ये सब ताड़न के अधिकारी।' यह तो पुरुषवर्ग की मानसिक अस्वस्थता का स्पष्ट उदाहरण लगता है। स्त्री वेदना की सीमा का कहीं अन्त नहीं है। विवाह से पहले माता-पिता की सेवा में और विवाह के बाद पति की सेवा में जीवन व्यतीत होता है। पति यदि पहले मर जाता है तो

बेटों की मर्जी पर जीवन जीना होता है। उसका तो अपना एक घर होता ही नहीं है। मायका तो माँ-बाप और भाइयों का घर है, पति का घर तो पति का होता है उसका अपना नहीं है।

भारतीय वर्णव्यवस्था में ब्राह्मण के लिए वेदाध्ययन, क्षत्रिय के लिए युद्ध, वैश्य के लिए धनार्जन स्वधर्म है, पर शूद्र का धर्म इन सबकी सेवा करना है। स्त्री भी अपने तीनों रक्षकों—पिता, पति और पुत्र की सेवा का कर्तव्य निभाती है। स्त्री की गिनती भी शूद्रों में ही की गई है। जिस प्रकार शूद्र अपने व्यक्तित्व विकास की ही सुविधाओं से वंचित था उसी प्रकार स्त्री भी वंचित थी। शिक्षा प्राप्त करने की दृष्टि से एक राजा की पुत्री और एक दलित मजदूर की पुत्री की स्थिति एक जैसी थी क्योंकि पुरुष ने कभी नहीं चाहा कि स्त्री शिक्षित हो। मनु ने तो घोषणा की थी कि नारी स्वातंत्र्य के लिए योग्य नहीं है।

यह तो स्त्री व्यक्तित्व को शून्य करना हुआ। लगता है वैदिकों के साथ जैन भी स्त्री को मुक्ति प्राप्ति के योग्य नहीं मानते थे।

सती प्रथा हमारे देश में प्रचलित थी। अपमानजनक और उपेक्षित विधवा जीवन से सती होना ही श्रेष्ठ समझने का भ्रम था। क्षत्रियों में यह पद्धति अधिक थी। उसकी इच्छा-अनिच्छा की उपेक्षा कर पति के साथ वह जला दी जाती थी। इस प्रकार उस कालीन समाज में हजारों बन्धनों के बीच वह सजीव शव थी।

जिस पति के मरने के बाद स्त्री सती होती है उस पुरुष पति को पत्नी के प्रति प्रामाणिक होना अनिवार्य नहीं है। भारतीय विधवा स्त्री की वेदनाओं की कोई सीमा नहीं है। शृंगार करना, मुक्त होकर हँसना भी उसके लिए वर्जित माना जाता है। किसी वर्ग और जाति की विधवाओं की वेदनाओं में कोई अन्तर नहीं है। राम को पुरुषोत्तम माना जाता है पर उन्होंने भी अपनी पत्नी सीता की अग्नि परीक्षा के रूप में स्त्री अस्तित्व को नकारा था। मरे हुए पति को स्वर्ग से सावित्री लौटाकर ले आती है। पर वही पुरुष सैकड़ों जीवित स्त्रियों को अग्नि में झोंक देता है।

पुरुष वर्ग की सुख-सुविधा के लिए स्त्री सदैव अपने आपको पूर्ण रूप से समर्पित करती आई है।

नारी की निन्दाओं से, नारी के अनादर से, नारी को द्वितीय श्रेणी की नागरिक सिद्ध करने के उदाहरणों से हमारे शास्त्र-पुराण भरे पड़े हैं। पुरुष निर्मित साहित्य, दर्शन और इतिहासों में स्त्री सदैव हाशिए पर रही है।

लगता है, भारत ही नहीं बल्कि विश्व के हर देश में स्त्री अपने व्यक्तित्व विकास के अवकाशों से वंचित ही रही है। हर समाज ने स्त्री को उपेक्षा की दृष्टि से ही देखा है। कुछ उदाहरण देखा जा सकता है :

"स्त्री को कभी तत्त्वशास्त्र का अध्ययन नहीं करना चाहिए, वैवाहिक जीवन के नियमों का पालन करना ही स्त्री के लिए श्रेष्ठ तत्त्व है।"

**—यूरोप का एक धर्मोपदेश**

"ज्ञान, पुरुष का आदर बढ़ाता है तो अज्ञान स्त्री की सुन्दरता का कारण बनता है।"

**—एक चीनी कहावत**

"स्त्री, पुरुष का कोई मार्गदर्शन नहीं कर सकती। इस संसार में स्त्री की वजह से ही पाप है। इसलिए स्त्री भयंकर नरक में जाती है। उसकी मुक्ति का कोई मार्ग नहीं है।"

**—सेंट पॉल**

"न स्त्री स्वातंत्र्यम् अर्हति"

**—मनु**

हिन्दू धर्म में तो शूद्र अत्यन्त हीन जीव है और स्त्री तो नीच मानी ही गई है। इसलिए हिन्दू समाज में स्त्री की स्थिति शूद्रों से भी दयनीय है।

"स्त्री सब बुराइयों की जड़ है।"

**—महाभारत**

"स्त्री चंचला है, तलवार की तरह तेज है, तूफान की तरह अस्थिर है।"

**—रामायण**

"स्त्री एक वस्तु है, एक चीज है।"

**—शाक्त**

बेटी के विवाह में पिता अपनी बेटी का कन्यादान करता है। प्रायः भारतीय भाषा में ही 'कन्यादान' जैसा शब्द देखने को मिलता है जहाँ किसी वस्तु या प्राणी को दान के रूप में देने की प्रथा सुनने में आती है अर्थात् भारतीय सन्दर्भ में स्त्री का अस्तित्व किसी वस्तु या प्राणी के समान ही है।

दहेज के नाम पर स्त्री को जला देना अत्याचार है। स्त्री-भ्रूण-हत्या भारतीय समाज के लिए बहुत बड़ा कलंक है। आनेवाले दिनों में स्त्री की नारकीय स्थिति को लेकर यह एक चेतावनी है। आठवें दशक में तमिलनाडु के उसिलम्ब में वुल्लकर जाति में लगभग छह हजार नवजात शिशुओं की हत्या माँ-बाप ने मिलकर की थी। आज भी राजस्थान और हरियाणा में स्त्री-भ्रूण-हत्या आम बात लगती

है। मुम्बई के एक अस्पताल में ही 1984-85 में सोलह हजार स्त्री-भ्रूण-हत्या की बात बाहर आई थी। *(गार्डियन 4.11.86)*

1978-83 के बीच प्राप्त आँकड़ों के अनुसार भ्रूण-हत्या के उदाहरण मिलते हैं। एक समाचार-पत्र से पता चला है कि इन दिनों हरियाणा के एक निजी अस्पताल के पास एक कुएँ में सौ से अधिक स्त्री शिशु भ्रूण मिले हैं। ऐसा नहीं है कि अशिक्षित और निर्धन लोग ही यह काम करते हैं। पढ़े-लिखे और सम्पन्न परिवारों में भी यह हो रहा है। कहा जाता है कि एक स्वस्थ समाज में स्त्री-पुरुषों की संख्या 51:49 के अनुपात में होनी चाहिए। तात्पर्य है कि स्वस्थ समाज में स्त्री संख्या का पुरुष संख्या से अधिक होना सही माना गया है। पर स्त्री-भ्रूण-हत्या की वजह से प्रति एक हजार जनसंख्या में लगभग 70-75 की दर से संख्या कम होती जा रही है। हरियाणा और पंजाब में युवकों के विवाह में युवतियों के अभाव की समस्या गाँवों में देखी जा रही है। समाज के समाजशास्त्रियों का तो कहना है, आनेवाले दिनों में द्रौपदी की तरह पाँच पति होने का दृश्य देखने को तो नहीं मिलेगा? स्त्री-भ्रूण-हत्या को अपराध करार देने का कानून तो आया है पर मनुष्य के मन को मानवतावादी करने के लिए कोई कानून नहीं है।

इस प्रकार की राक्षसी प्रवृत्ति के दो कारण हैं—समाज में स्त्री के प्रति हीनभावना का होना और बेटी की शादी में माँ-बाप का आर्थिक नुकसान होना। भारतीय मानसिकता यह समझ बैठी है कि बेटे से ही परिवार का उद्धार होता है। सैकड़ों की संख्या में इधर एक जनजाति में माँ-बाप ने अपनी बेटियों को बेच दिया। कारण है गरीबी और बेटी की शादी रचने में उनकी आर्थिक अयोग्यता।

जमीन को निजी सम्पत्ति के रूप में देखने की परिकल्पना के साथ पितृप्रधान परिवार अस्तित्व में आया। स्त्री अपना आर्थिक अधिकार खो बैठी। सम्पत्ति के उत्पादन अधिकार से वह वंचित हो गई और द्वितीय श्रेणी की नागरिक बन गई। पुरुष जब हल चलाने लगा तो हल का मालिक भी बन बैठा और जमीन का भी। इसी उपक्रम में स्त्री का भी मालिक बन बैठा। स्त्री और विश्व की सब चीजों पर पुरुष का अधिकार हो गया। तभी से स्त्री की दुखभरी हीनावस्था शुरू हो गई।

मानव मात्र के इतिहास के साथ स्त्री मुक्ति का इतिहास भी जुड़ा हुआ है। लेकिन अत्यन्त ही अनसुनी आवाज में। लगभग सन् 1830 के आसपास अमेरिका की महिलाएँ गुलामी विरोधी कार्यक्रमों में स्वयं को शामिल करने लगीं। अमेरिका में 'गुलामी विरोधी समाज' का आरम्भ 1883 में हुआ था। यह समाज गुलामी विरोधी संघर्षों के लिए बनी संस्थाओं में से एक था। महिलाओं को इस समाज की समिति की सदस्यता देने के योग्य नहीं माना गया था। आश्चर्य होता कि

यूरोप के कई देशों से आकर अमेरिका का निर्माण करनेवाला यह श्वेत पुरुषवर्ग मानता था कि स्त्री को स्वतंत्रता नहीं देनी चाहिए; यह पुरुष प्रधान समाज का अहं था। वे यह मानते थे कि स्त्री को घर के काम-काज में ही लगना चाहिए। इसीलिए श्वेत महिलाएँ अपने अधिकार के लिए और श्याम वर्ण के गुलामों की मुक्ति के लिए दास्य विरोधी आन्दोलन श्वेत महिलाओं की अस्मिता और श्याम वर्ण की जन-जातियों की मुक्ति के लिए एक साथ काम कर रहा था। यहाँ अधिक बल शोषित, विशेषकर श्याम वर्ण की स्त्री मुक्ति पर दिया गया। गुलामी विरोधी आन्दोलन ने बड़ी सूक्ष्मता से स्त्री मुक्ति का भी काम ऊँची आवाज में किया है। कई अफ्रीकी महिलाएँ भी इस आन्दोलन में काम कर रही थीं, जो स्त्रियों में एक आत्मबल देने में सहायक सिद्ध हुआ। महिलाओं की ओर से एक उदाहरण दिया जा सकता है। सार्जनर टूथ नामक महिला का जन्म न्यूयॉर्क के हरले में हुआ था। इनका पुराना नाम था इबेज बौन फ्री। बूढ़े गुलाम से जबरदस्ती विवाह होने के बाद उन्होंने पाँच बच्चों को जन्म दिया। गुलामी के दिनों भें उसके तीन बच्चे बेच दिए गए। सन् 1828 में इसेसाबेल गुलामी से भागकर आई और 1843 से सारी जिन्दगी गुलामी के विरोध में वह भाषण करती रही। सार्जनर अनपढ़ थी पर भाषण कला में चतुर थी। लगभग चालीस वर्षों तक वे स्त्री मुक्ति और गुलामी के विरोध में विचार-प्रसार करती रही। वह दासता विरोधी मात्र नहीं, बल्कि स्पष्ट स्त्रीवादी भी थी। ओहयों में चल रही स्त्री अधिकार आन्दोलन की सभा में दिया गया उनका वक्तव्य बहुत प्रसिद्ध है। वक्तव्य का प्रारम्भ उन्होंने इस प्रकार किया था—मैं एक औरत हूँ न! स्त्री में यह एहसास बहुत ही महत्त्वपूर्ण लगता है। गुलामों की मुक्ति के लिए किए गए आन्दोलनों में कई गुलाम महिलाओं का भाग लेना स्त्री मुक्ति के लिए प्रकाश किरण स्वरूप इतिहास में दर्ज हुआ।

बारहवीं सदी में कन्नड़ का वचन साहित्य स्त्री स्वातंत्र्य, सम संस्कृति की स्थापना, अभिव्यक्ति स्वातंत्र्य, चर्चा-परिचर्चाओं का प्रारम्भ या यों कहें सबको सब प्रकार की समानताओं के स्वस्थ समाज का निर्माण, अन्तरंग और बहिरंग व्यक्तित्व विकास की सुलभ सम्भावनाओं का अवकाश, मन्दिर की पत्थर संस्कृति से मनुष्य केन्द्रित संस्कृति की ओर चलने की प्रक्रिया का साहित्य है। इस साहित्य-सन्दर्भ ने लगभग भारतीय निम्न जाति और निम्न वर्ग को पहली बार बोलने, लिखने और सब प्रकार के व्यक्तित्व विकास का अवकाश दिया है। विशेषकर महिलाएँ अधिक संख्या में यहाँ पढ़ती-लिखती काव्य सृजन करती रही थीं, वे चर्चाओं में भाग लेतीं, और समकालीन मानव सम्पन्न मूल्यों की श्रीवृद्धि का कारण बनती हैं। आज लगभग नौ सौ वर्षों के बाद भी 35 से

अधिक महिलाओं का काव्य वचन साहित्य के रूप में मिलता है। सांस्कृतिक स्त्री शक्ति का चिन्तन-विवेचन यहाँ होता है। इसलिए विश्व स्तर पर स्त्री शोषण का अवलोकन और उसकी मुक्ति के लिए किए गए प्रयास इस साहित्य में देखे जा सकते हैं। वचन साहित्य के सन्दर्भ को और अधिक चैतन्यशील दृष्टि से देखा जा सके, इसलिए अमेरिका में गुलामों के संघर्ष का इतिहास और वहाँ की गुलाम महिलाओं के दर्द को आँखों के सम्मुख लाने के लिए कुछ और बातें यहाँ पाठकों के सामने रखने की इच्छा हो रही है।

सन् 1616 : आधुनिक अमेरिका के इतिहास में यह वर्ष महत्त्वपूर्ण है। गुलामों के व्यापार के लिए सुविधाजनक स्थान जेम्स टाउन में अफ्रीकी गुलामों का आगमन। एक डच व्यापारी ने यहाँ गुलामों को अनाज के बदले में खरीदकर गुलामी पद्धति की स्थापना की।

सन् 1638 : अफ्रीकी गुलाम पुरुषों की कीमत लगभग 27 डॉलर निश्चय की गई। यूरोपीय मजदूर का एक दिन का पारिश्रमिक 70 सेंट था।

सन् 1640 : रोमन पद्धति की तरह गुलामों पर मुहर लगाना, उन्हें चाबुक से मारना आदि शुरू किया गया।

सन् 1641 : गुलाम पद्धति को कानून के मुताबिक सही ठहराया गया।

सन् 1660 : गुलामी के सम्बन्ध में कई कानून लाए गए। कानून के अनुसार अफ्रीकी गुलाम, गुलाम औरत के बच्चों को सारी जिन्दगी गुलाम रहकर सेवा करनी होगी।

सन् 1662 : वर्जीनिया कानून के अनुसार सारे अफ्रीकी अश्वेतों को गुलामी करनी होगी। नीग्रो औरतों को श्वेत पुरुषों के सम्बन्ध से यदि बच्चे जन्म लेते हैं तो माँ की तरह बच्चे को भी गुलामी करनी होगी।

सन् 1664 : मेरीलैंड में गुलामी पद्धति का कानून लाया गया। श्वेत महिलाओं का अश्वेत पुरुषों के साथ विवाह करना कानून विरोधी माना गया। यह कानून अगले 300 वर्षों तक जारी रहा। (अर्थात् 1964 तक!)

सन् 1672 : ब्रिटेन ने रॉयल अफ्रीकन कम्पनी की स्थापना कर अफ्रीकी कानून के अनुसार गुलामों का व्यापार प्रारम्भ कर दिया।

सन् 1680 : गुलामी पद्धति के नीति-नियम बनाए गए। नियम के अनुसार गुलामों को निजी सम्पत्ति माना गया। मालिक गुलामों को खरीद सकता था, बेच सकता था, किराए पर दे सकता था और गुलामों

को बदल सकता था। गुलामों को शादी करने, मत देने, सम्पत्ति रखने और अदालत में खड़ा होकर साक्षी बनने का अधिकार नहीं था।

सन् 1698 : ब्रिटिश संसद ने ब्रिटिश व्यापारियों को गुलामों का व्यापार करने की अनुमति दी।

सन् 1717 : नीग्रो पुरुष श्वेत स्त्री से यदि विवाह करता है या श्वेत पुरुष नीग्रो स्त्री से विवाह करता, तो उनको सारा जीवन गुलाम बनकर रहना होगा। श्वेत स्त्री से जन्मे बच्चे का सात वर्षों तक सेवक बनकर रहने का कानून मेरीलैंड राज्य ने पारित किया।

सन् 1776 : ब्रिटेन से देश स्वतंत्र हुआ। फिर भी औरतों को कई तकलीफों का सामना करना पड़ा। एकाध धनवानों को छोड़कर अन्य स्त्रियों को प्राथमिक शिक्षा से बढ़कर शिक्षा की सुविधा नहीं थी।

सन् 1894 : मेरीलैंड की गुलाम स्त्री हॅरियेट् टब् मन् उत्तर दिशा की ओर भाग गई और अंडर ग्राउंड रेलमार्ग में कंडक्टर बन गई। टब् मन् 19 बार दक्षिण में आई और 300 गुलामों को मुक्त कराने में सहायता की।

तात्पर्य यह है कि बारहवीं सदी में कन्नड़ साहित्य में बहुत संख्या में महिलाएँ काव्य की रचना कर रही थीं और अमेरिका में सोलहवीं सदी के आसपास भी स्त्रियों में गुलामी प्रथा चल रही थी और वे मुक्ति के लिए संघर्ष अब शुरू कर रही थीं। 'मध्यकाल में चर्च ने अपने से रत्ती-भर भी असहमत होनेवाले हजारों स्त्री-पुरुषों को डायन और शैतान का पुजारी घोषित करके बहुत ही क्रूर और बीभत्स तरीकों से मौत के घाट उतार दिया था। जॉन ऑफ आर्क को भी जादू-टोने के आरोप में जिन्दा जलाया गया था।'[1]

स्त्री के आँसुओं की दर्द भरी कथा पुरुष प्रधान समाज के ऐतिहासिक पृष्ठों में हर कहीं सुनाई देती है। अपने आपको 'प्रगतिशील देश' घोषित करनेवाले कई देशों में चार-पाँच दशकों पूर्व तक स्त्रियों को वोट देने का अधिकार नहीं था। वैश्विक परिप्रेक्ष्य में आधुनिक काल में भी महिला को प्रोफेसर होने और नोबेल जैसे पुरस्कार प्राप्त करने से दूर रखा गया था।

आज जिस सन्दर्भ में हम जी रहे हैं, हर रोज समाचार-पत्रों में महिला को जला देने, सामूहिक अत्याचार, बेटियों के साथ माँ की आत्महत्या आम बात हो गई है। आजाद भारत के समकालीन युग में भी स्त्री-सती होने के उदाहरण हैं।

1. विद्रोही स्त्री—जर्मन ग्रीयर, 239

रूपकुँवर जैसी युवती सती होती है और देखा यह गया है कि उसके पति और ससुर सुशिक्षित थे। सती प्रथा का वैभवीकरण होता है और उस सती के मन्दिर निर्माण के भी प्रयास होते हैं। एक युवा नेता, जो किसी एक राजकीय पार्टी से जुड़ा हुआ होता है, अपनी प्रियतमा लगनेवाली युवती को दो-दो इंच टुकड़ों में काटकर किसी ढाबे के चूल्हे में डाल देता है। आज भी कई गाँवों की स्त्री-शिक्षा शून्य के बराबर है। इससे अन्दाजा लगाया जा सकता है कि स्त्री मुक्ति की लड़ाई अभी कितनी लम्बी है।

# वचन साहित्य : स्त्री चिन्तन का उत्साह काल

किसी कवि ने लिखा है :

*इतिहास लिखना*
*काव्य का काम नहीं है*
*काव्य से बढ़कर*
*सुन्दर इतिहास लिखनेवाला*
*कोई इतिहासकार नहीं है।*

किसी काव्य, शास्त्र, पुराण आदि में निहित सत्य को सूक्ष्मता से देखने पर स्त्री की स्थिति का चित्रण हमारी आँखों के सामने स्पष्ट हो जाता है। स्त्री शोषण की ऐतिहासिक दृष्टि को सचेत रखकर ही स्त्री मुक्ति के प्रयास किए जा सकते हैं। कहा गया है कि जो इतिहास नहीं जानता वह इतिहास का निर्माण नहीं कर सकता है।

कन्नड़ साहित्य के इतिहास की परम्परा में बारहवीं सदी का वचन साहित्य युग सच्चे अर्थों में स्वर्ण युग कहा जा सकता है। इस काल के कन्नड़ कवि-कवयित्रियों ने, जो शिवशरण-शिवशरणियाँ कहलाते हैं, कविताओं की रचना सामाजिक, आर्थिक, सांस्कृतिक और धार्मिक आन्दोलन के लिए की है। काव्य धर्म इनके लिए साधन मात्र था, न कि साध्य।

'वचन' गद्य-पद्य का सम्मिश्रण सरस काव्य विधा मानी जा सकती है। इनके साहित्य को 'वचन साहित्य' के नाम से जाना जाता है।

एक समय में एक शेक्सपियर या वड्र्सवर्थ का होना, एक कालिदास या रवीन्द्रनाथ टैगोर का होना मेरे लिए या किसी भी स्वस्थ साहित्य प्रेमी के लिए आश्चर्य की बात नहीं लगनी चाहिए। यहाँ तो हर कोई महान कवि था, महाकवि था, महान कवयित्री थी।

## अनुभव मंटप

सामूहिक चिन्तन से, प्रश्न करने की परम्परा से, चर्चा-परिचर्चाओं की संस्कृति से सज्जनों के सत्संग से, सबसे बढ़कर सामाजिक हित के सामूहिक उत्तरदायित्व

की चेतना से असम्भव सम्भव होता है। इसके लिए ही शिवशरणों ने 'अनुभव मंटप' की स्थापना की थी। सत्संग और सहचिन्तन इस अनुभव मंटप की विशेषता है।

एक अनुभव की बात है कि तुम्हारे मित्र मंडली के सदस्यों के स्वभाव से पता चलता है कि तुम क्या हो। तुम्हारे व्यक्तित्व का निर्माण उससे होता है जिन लोगों के साथ तुम हो। थोड़ा-सा खोकर और थोड़ा-सा प्राप्त कर तुम बुरे या अच्छे बनते हो। इसलिए विद्वान, चिन्तक, जनवादी, जीववादी के सत्संग में रहोगे तो उसी को प्राप्त करोगे। स्वस्थ समाज के निर्माण के लिए तुम्हारा व्यक्तित्व बहुउपयोगी बन पाएगा। यही सार्वकालिक सत्य है। हर एक पत्थर में एक मूर्ति होती है, पर अनामिकावस्था में। चिन्तन-मंथन से, कलात्मक, सूक्ष्म बारीकियों के काम से एक कलात्मक शिल्प कलाकृति का साक्षात्कार करना पड़ता है। यह सत्संग से ही सम्भव होता है। सत्संग से मनुष्य हीनभावना और अहंभावना इन दोनों से मुक्त होता है। इन दोनों से मुक्त समाज में व्यक्ति और समाज का हित सम्भव होता है। व्यष्टि एवं समष्टि का सुन्दर समन्वय सम्भव होता है।

ज्ञानी और अनुभवी-अनुभावियों के सत्संग से अपनी उपयोगिता और योग्यता का भी परिचय होता है। संवेदनशील और श्रेष्ठ लेखक, कलाकार, संगीतकार और सांस्कृतिक महत्त्व के व्यक्तियों का विकास ऐसे ही सत्संग से हुआ है। गलत रास्ते पर जा रहा व्यक्ति भी विद्वानों के मार्गदर्शन से सही रास्ते पर चलने लगता है। अनुभवी चेतनाओं के अनुभव मंटप सत्संग से बिगड़ी हुई बात बनती है। कबीरदास ने भी कहा है :

*सत्संग लागी रहो रे भाई।*
*तेरी बिगरी बात बन जाई॥*

ऐसा नहीं कि सत्संग का सत्फल इने-गिने लोगों को ही मिलता है। ब्राह्मण, क्षत्रिय, वैश्य, शूद्र, अन्त्यज सब को यह सत्फल सुनिश्चित है। पर देखना यह होता है कि क्या यह सज्जनों का सत्संग है या कोई भ्रम। शरण संत कबीरदास, बसवेश्वर आदि के सत्संग से कई उपेक्षित शरण संतों ने श्रेष्ठता को प्राप्त किया।

साहित्यिक और सामाजिक क्रान्ति की कल्पनाओं को यथार्थ में परिवर्तित करने के लिए शिवशरणों ने 'अनुभव मंटप' की स्थापना की थी। वर्ग-वर्ण-लिंग का भेदभाव न करते हुए सबको अनुभव मंटप में प्रवेश मिला। इसकी सदस्यता के लिए यह अनिवार्य माना गया था कि इसके सदस्य सभी को समानता की दृष्टि

से देखें। शुद्ध कायक (श्रम) करते हुए परिश्रमजीवी बनकर रहें और स्त्री-पुरुषों से भेदभाव न करें। सारे भारत के भिन्न-भिन्न प्रदेशों से इस अनुभव मंटप में भाग लेने के लिए; धार्मिक और सामाजिक परिवर्तन के आन्दोलन से अपने आपको जोड़ने के लिए यहाँ सभी जमा हो गए थे, जैसे कश्मीर से राजा महादेव और उनकी पत्नी, गुजरात से आदय्या, कलिंग देश से मरूळशंकरदेव, आन्ध्रा से मैदून रामय्या तथा कर्नाटक के कोने-कोने से शिवशरण और शरणियाँ। सभी श्रमवर्ग के लोगों ने इसमें भाग लिया था, जैसे—मोची, ढोर पालक, धोबी, केवट, हज्जाम, लकड़ी बेचनेवाले, रस्सी बनानेवाले, किसान, नट, संगीतज्ञ, चावल कूटनेवाले आदि। लगभग सब शरण अपनी धर्मपत्नी के साथ अनुभव मंटप की आध्यात्मिक और साहित्यिक परिचर्चाओं में भाग लेते थे। जीवन के भीतर-बाहर की चर्चा करते थे एवं अन्तरंग और बहिरंग शक्ति प्राप्त करते थे। उस युग में शरण-शरणियों के सत्संग के केन्द्रस्थान अनुभव मंटप द्वारा अनुपम सांस्कृतिक विकास सम्भव हुआ। आश्चर्यजनक रीति से उपेक्षित निम्न जाति एवं निम्न वर्ग के शरण-शरणियों ने अनुभव मंटप की चर्चाओं में सक्रिय भाग लिया, काव्य की रचना की, काव्य को लेकर आलोचना की एवं काव्य और जीवन का सुन्दर समन्वय किया। इस सत्संग में, जिसने कभी बात नहीं की थी, उसने ऊँची आवाज में सांस्कृतिक बातें कीं। स्त्रियों ने सबसे पहली बार व्यक्तित्व का सर्वोपरि विकास किया और इससे सामाजिक व्यक्तित्व का भी विकास हुआ।

शरणों के सत्सम्पर्क में आकर कई हीन जाति के लोगों ने व्यक्तित्व विकास किया। वे सोचने लगे कि जन्म से कोई छोटा या बड़ा नहीं होता। शरणी लिंगम्मा इस सत्संग से अपने को धन्य समझती हैं और कहती हैं :

*निम्न जाति में जन्म लेकर*
*सत्संग में विकसित होकर,*
*सत्य शरणों के चरणों में रही।*

इस वचन साहित्य आन्दोलन ने जाति पद्धति, अस्पृश्याचरण, एवं असमानता के विरुद्ध जो युद्ध छेड़ा था उससे उपेक्षित वर्ग ने स्वाभिमान और आत्मबल हासिल किया, जो मनुष्य की भूख मिटाने से भी महत्त्वपूर्ण माना जाता है। इस साहित्यान्दोलन ने स्त्री के व्यक्तित्व को निडरता और वैचारिकता की दीक्षा दी थी। वह अपने पति को वैचारिकता की दिशा में मार्गदर्शन करने का साहस कर सकती थी। शरण आय्दक्की मारय्या और उसकी पत्नी लक्कम्मा दोनों अपने सात्त्विक कायक के लिए शरण कुल में प्रसिद्ध थे। मारय्या बसवण्णा के महामने के आँगन में से चावल चुनकर लाते थे। इससे उनका पेट भरता था

और जंगमों की सेवा भी इसी से हो जाती थी। मारय्या का कायक यही था। एक दिन वहाँ चावल अधिक पड़ा मिला और मारय्या के उस दिन अधिक चावल घर लाने से पत्नी लक्कम्मा पति को सचेत करती है और कहती है कि दुराशा तो राजा में होती है हममें नहीं। आवश्यकता से अधिक चावल लौटाने को कहती है। यह है स्त्री के व्यक्तित्व का विकास। लक्कम्मा का यह वचन स्पष्ट कर देता है कि आवश्यकता से अधिक संग्रह करने की प्रवृत्ति समाज के लिए घातक है :

*आशा तो राजा में चाहिए*
*शिवभक्तों में क्यों?*
*इतने चावल की आशा आपमें क्यों?*
*ईश्वर मानेंगे नहीं, मारय्यप्रिय, अमरेश्वर लिंग से*
*आप दूर हैं हे मारय्या।*

शिवशरणी अक्कमहादेवी तो सत्संग की चैतन्यशक्ति अनुभव मंटप की महान देन है। वह तो भाषा की मंत्रशक्ति का साक्षात्कार करनेवाली है। शरणों के सत्संग और मार्गदर्शन से गुरु-लिंग-जंगम द्वारा 'शिवयोग' की चरम सिद्धि की वह साधिका है। राजसत्ता-पुरुषसत्ता और दैव सत्ता के प्रतिनिधि राजा कौशिक को त्यागकर जड़ परम्पराओं का विरोध करके स्त्री में विद्रोह की चिंगारी जागृत रखते हुए अक्कमहादेवी अपने एक वचन में यह स्पष्ट कर देती है कि किस प्रकार शरणों के सत्संग से उसके तन-मन और प्राण शुद्ध बन जाते हैं और वह अपने इष्टदेव चन्नमल्लिकार्जुन के लिए योग्य बनती है :

*हे जी, आप अनुभावियों के सत्संग से*
*मेरा तन शुद्ध हुआ,*
*हे जी, आप अनुभावियों के सत्संग से*
*मेरा मन शुद्ध हुआ,*
*हे जी, आप अनुभावियों के सत्संग से*
*मेरा प्राण शुद्ध हुआ,*
*हे जी, आप अनुभावियों ने मुझे*
*परीक्षा कर योग्य बनाया इसलिए,*
*हे चन्नमल्लिकार्जुन, मैं*
*आपसे स्वीकृत हुई हूँ।*

**—अक्कमहादेवी**

पहले ही कहा जा चुका है कि शरणपूर्व काल में स्त्री भोग की वस्तु मात्र मानी जाती थी। विशेष कर मठ-मन्दिर भोग के केन्द्र बन चुके थे जिसमें स्त्री पर अत्याचार प्रायः हुआ करता था। स्त्री गौरव से नहीं बल्कि कामुक भावना से देखी जाती थी। काळामुख आदि शैव व्यसनी बन गए थे। दैवी-आचरण के बहाने देवदासियाँ विवाह की सुविधा से वंचित होकर उच्च वर्ग और वर्ण के पुरुषों की कामवासना का शिकार बनती थीं। हर वर्ग-वर्ण की स्त्री शोषित थी और व्यक्तित्व विकास की सुविधाओं से वंचित थी। भारतीय नारी की दुर्गति अवर्णनीय कही जा सकती है।

नारी की इस दुर्गति और उपेक्षा की शिवशरणों ने कड़ी आलोचना की है और ऐसे समाज का इन्होंने विरोध किया है। वह तो पुरुष की सहधर्मिणी होती है। पुरुष के विकास में सहायक ही नहीं बल्कि प्रेरणा बन सकती है। अवकाश मिलने पर पुरुष के समान ही व्यक्तित्व के सर्वांगीण विकास की चरम सीमा पर पहुँच सकती है। बसवयुग की शिवशरणियाँ इस तथ्य का प्रमाण हैं। लगभग सभी शिवशरणियों ने अनुभव मंटप में भाग लेकर शरणों के साथ धार्मिक, सामाजिक और साहित्य का चिन्तन किया। अन्य शिवशरण कवि—बसव, अल्लमप्रभु, चन्न बसवण्णा और सिद्धराम के समान ही श्रेष्ठ वचनों की रचना की हैं। आत्मोन्नति के साथ-साथ समाजोन्नति के मार्ग में इनकी बड़ी देन रही है। पुरुषों के साथ साहित्य, समाज और धर्म में इन्होंने समानता से प्रभाग किया।

अल्लमप्रभु यह स्पष्ट करते हैं कि स्त्री साधना के मार्ग में माया नहीं है। मनुष्य का मानसिक विकार ही माया है।

कहते हैं :

*कनक माया है, कनक माया नहीं,*
*नारी माया है, नारी माया नहीं,*
*मिट्टी माया है, मिट्टी माया नहीं,*
*मन की आशा ही माया है, हे गुहेश्वर!*

सही मायने में पुरुष के कन्धे से कन्धा मिलाकर इस युग में स्त्री ने विकास किया है। अदूर दृष्टि से अन्धों की आग में जलती नारी ने पुकार-पुकार कर अपनी मुक्ति के लिए काव्य रचना की और इसमें अत्यन्त ही आत्मीयता से शरणों ने इनकी सहायता की। सामाजिक क्रान्ति का एक मार्ग इन शरणियों ने ढूँढ़ निकाला।

शरण और शरणियों ने पुरुष और स्त्रियों में योग्यता की दृष्टि से अन्तर को नकार दिया। शारीरिक रचना मात्र से वे दोनों भिन्न हैं न कि प्रतिभा और योग्यता

में। शरण जेडर दासिमय्या कहते हैं कि थन-चोटी से स्त्री, स्त्री कहलाती है और मूँछ से पुरुष, पुरुष कहलाता है। लेकिन इनमें स्थित आत्मा न पुरुष है न स्त्री :

*थन चोटी से स्त्री कहलाएगी,*
*मूँछ-दाढ़ी से पुरुष कहलाएगा।*
*दोनों में स्थित आत्मा न स्त्री है न पुरुष है हे रामनाथ!*

ज्ञान प्राप्ति के लिए भी स्त्री-पुरुष में कोई अन्तर नहीं किया जा सकता। ज्ञान न स्त्री का है न पुरुष का। इसलिए शरणी गोग्गव्वे पूछती हैं :

*थन चोटी से स्त्री कहलाएगी,*
*मूँछ और काछा से पुरुष कहलाएगा,*
*इन दोनों में स्थित ज्ञान स्त्री है या पुरुष, हे नास्तिनाथ?*

अक्कमहादेवी अपनी साधना के लिए घर-बार, गाँव की उपेक्षा कर सारे सामाजिक बन्धनों को तोड़कर कल्याण आई थीं। उन्हें कई बाधाओं का सामना करना पड़ा। अक्कमहादेवी बाधाओं को चुनौती देती हैं कि कल का आज, आज का अभी आने दो :

*कल जो आएगा, आज ही आने दो,*
*आज जो आएगा, अभी आने दो,*
*अब-तब मत कहो, हे चन्नमल्लिकार्जुन!*

स्त्री के प्रति शिवशरणों के मन में असीम गौरव की भावना थी। स्वस्थ समाज के लिए स्त्री के प्रति गौरव की भावना अत्यन्त आवश्यक है। शरण श्री सिद्धराम कहते हैं कि स्त्री, स्त्री मात्र नहीं बल्कि वह साक्षात् मेरा आराध्य कपिलसिद्ध मल्लिकार्जुन ही है :

*स्त्री, स्त्री मात्र नहीं,*
*स्त्री, राक्षसी नहीं,*
*स्त्री साक्षात् कपिलसिद्ध मल्लिकार्जुन है।*

बसवेश्वर कहते हैं कि यहाँ-वहाँ विचरते हुए कहीं पर भी स्त्री को नहीं देखूँगा। उसे मैं साक्षात् पार्वती समझूँगा जो जीवन का श्रेष्ठ मूल्य है :

*शपथ! आपकी शपथ, आपके शिवचरणों की शपथ,*
*जहाँ कहीं भी मन विचरण करेगा,*
*पर स्त्री को महादेवी कहूँगा हे कूडलसंगमदेव।*

परधन और परस्त्री को शरणों ने कभी स्वीकार नहीं किया। परस्त्री और परधन पर जो दृष्टि डालता है वह भगवान को भी सन्तुष्ट नहीं कर सकता। बसवण्णा का निम्न वचन देखिए :

*नीयत होनी चाहिए शरण की, परधन न चाहने की,*
*नीयत होनी चाहिए शरण की, परसति न चाहने की,*
*नीयत न रहनेवालों को अपनाते नहीं कूडलसंगमदेव।*

शिवशरणी सत्यक्का तो कहती हैं कि परधन, परस्त्री और परदेव त्यागने से बढ़कर कोई पूजा-पाठ, मंत्र-तंत्र, धूप-दीपारती नहीं है। समाज इनके लिए श्रेष्ठ है, व्यक्तिगत आध्यात्मिक साधना नहीं। सत्यक्का का यह वचन देखिए :

*अर्चन और पूजा व्रत नहीं,*
*मंत्र और तंत्र व्रत नहीं,*
*धूप, दीप और आरती व्रत नहीं,*
*परधन, परस्त्री, परदैव को नहीं चाहना ही व्रत है,*
*शंबुजकेश्वर में इन्हें दर्शन कराना ही व्रत है।*

शरण-शरणियों के काव्य से यह स्पष्ट हो जाता है कि इन्होंने नारी विमोचन, उसके सर्वांगीण विकास, और समाज में मुक्त वातावरण के निर्माण के लिए प्रयास किया। शायद भारत में बारहवीं शताब्दी में पहली बार नारी को अभिव्यक्ति स्वातंत्र्य मिला। इस अभिव्यक्ति स्वातंत्र्य ने स्त्री में सांस्कृतिक विवेक और प्रश्न करने की शक्ति दी, जो नारीवाद की सफलता की पृष्ठभूमि बनी। शिवशरणी गोग्गव्वे का एक वचन देखा जा सकता है :

*पुरुष यदि स्त्री से प्रेम करके*
*उसे अपनाता है तो वह*
*पुरुष का आभूषण मानी जाती है,*
*स्त्री यदि पुरुष से प्रेम करके*
*उसे अपनाती है तो इसे क्या कहा जाता है?*
*इस द्वि-विधा के द्वन्द्व से मुक्त होकर*
*समभाव से रहना ही सुख है*
*हे नास्तिनाथ! यही परिपूर्णता है।*

नारीवाद की दृष्टि से इस वचन का एक सुन्दर और अर्थपूर्ण स्त्री-विमर्श हो सकता है। पुरुषप्रधान समाज की पुरुषसत्ता से यहाँ स्त्री प्रश्न कर रही है और अपनी अस्मिता की स्थापना के लिए चुनौती दे रही है। कहती है, यदि कोई पुरुष

स्त्री से प्रेम करके विवाह करता है तो वह स्त्री पुरुष के लिए एक आभूषण मात्र बनकर रहती है। उसका अपना कोई स्वतंत्र व्यक्तित्व नहीं होता। वह हँसती, बोलती, उठती-बैठती भी है तो उस परदैव पति की आज्ञा और इच्छा के अनुसार ही। वह पति परमेश्वर के नाम के साथ मात्र पहचानी जाती है। स्त्री को लेकर यही इस समाज की स्वीकृत परम्परा है। पर शिवशरणी गोग्गव्वे का प्रश्न है कि यदि स्त्री पुरुष से प्रेम करती है और उस पुरुष से प्रेम-विवाह करती है तो उसे आप क्या कहेंगे? क्या वह पुरुष भी स्त्री के लिए एक आभूषण बनेगा?

यहाँ नारी की अस्मिता को सुरक्षित रखने के लिए शरणी गोग्गव्वे के विचार तीन-चार आयामों में काम कर रहे हैं :

(1) नारी को पुरुष के लिए आभूषण मात्र मानने की कैसी बात?
(2) स्त्री भी प्रेम कर सकती है।
(3) पति के चयन का उसे अधिकार है।
(4) पुरुष की श्रेष्ठता का विचार अर्थहीन है इसलिए स्त्री-पुरुषों के बीच भेद-भाव नहीं होना चाहिए।

इस जीवन में दोनों का अस्तित्व समान है। लिंग असमानता की भावना से मुक्त होकर समभाव से रहना ही सुख का समृद्ध मार्ग है एवं यही परिपूर्णता का मार्ग है।

आज स्त्रीवाद भी यही मानकर चल रहा है कि स्त्री-पुरुष भेद को दूर कर समभाव से रहना यही स्वस्थ समाज का द्योतक है। नारीमुक्ति के आन्दोलन में पुरुष का सहचिन्तन परमावश्यक है, स्त्री के साथ पुरुष की सह-यात्रा परमावश्यक है। इसलिए बारहवीं सदी का कन्नड़ वचन साहित्य स्त्री मुक्ति के लिए उत्साह का काल था।

स्त्रीवाद नारीमुक्ति का ही भाव नहीं बल्कि शोषित पुरुषवर्ग की मुक्ति भी चाहता है। शोषित समाज का उसकी ही भावना से मुक्ति चाहता है। स्त्री-पुरुष दोनों में स्वाभिमान और स्वावलम्बन की मानसिकता स्त्रीवाद प्रस्तुत करता है। एक-दूसरे के प्रति आदर का भाव भी स्त्रीवाद की बहुत बड़ी देन है। स्त्री तो पुरुष के प्रति आदर भाव रखती ही थी। पर शरण साहित्य के सन्दर्भ में शिवशरणों ने सदैव स्त्री व्यक्तित्व का आदर किया है। सिद्धराम शरण ने कहा है कि :

*स्त्री, स्त्री मात्र नहीं है, वह राक्षसी नहीं है,*
*स्त्री साक्षात् कपिलसिद्ध मल्लिनाथ है।*

बसवेश्वर अल्लमप्रभु, सिद्धरामेश्वर जैसे सभी शरणों ने स्त्री की महानता का इस प्रकार आदर करते हुए सामाजिक, सांस्कृतिक और धार्मिक आयामों में स्त्री व्यक्तित्व की जबरदस्त स्थापना की है।

स्त्री चिन्तन सम्बन्धी लेखन कार्य में महिलाएँ कई आयामों से लिख रही हैं। कन्नड़ साहित्य सन्दर्भ में आज लेखिकाएँ तीन क्षेत्रों में लिख रही हैं :

(1) परम्परावादी सामाजिक, धार्मिक और सांस्कृतिक व्यवस्था को स्वीकार करते हुए यजमान-संस्कृति का गुणगान, धर्म-कर्म और अन्धविश्वास की प्रशंसा करते हुए वास्तविकता-वैचारिकता और कलात्मकता की उपेक्षा करते हुए भ्रमात्मक लोक का निर्माण करनेवाली लेखिकाएँ।

(2) हर स्त्री समस्या के लिए पुरुष वर्ग को दोष देते हुए, समाज की मूल समस्याएँ जैसे गरीबी, बेरोजगारी, जातिव्यवस्था और असमानताओं की ओर ध्यान नहीं देते हुए स्वच्छंद लेखन।

(3) इन दो मार्गों से हटकर ऐतिहासिकता की पृष्ठभूमि में साहित्य-संस्कृति एवं जीवन का विवेचन करते हुए, स्त्री शोषण के इतिहास पर प्रश्न करते हुए, सम-संस्कृति की स्थापना के लिए जागरूक लेखनीवाली लेखिकाएँ।

आज कन्नड़ में अन्तिम प्रकार की लेखिकाओं की पीढ़ी समृद्ध है। आश्चर्य यह होता है कि आज तक लगभग आठ सौ वर्ष पूर्व वचन साहित्य के युग की स्त्रियों ने भी इसी आयाम के काव्य की रचना की है। स्त्री-पुरुष असमानताओं की जड़ परम्परा पर उन्होंने प्रश्न किए हैं :

*मिलन के सन्दर्भ में पति-पत्नी,*
*का अस्तित्व भिन्न हो सकता है,*
*ज्ञान के सन्दर्भ में भिन्नता कैसी?*

**—आय्दक्की लक्कम्मा**

*स्त्री को त्यागकर लिंगाराधना*
*की बात की जाती है*
*स्त्री और इष्टलिंग में क्या विरोध है?*

**—गजेश मसणय्या की पुण्य स्त्री**

वास्तविकता और वैचारिकता के स्तर पर स्त्री-पुरुषों की मानव शक्ति की समानता की बात इन कवियों ने की है :

*थन चोटी से स्त्री कहलाएगी,*
*मूँछ और काछ से पुरुष कहलाएगा,*
*दोनों में स्थित ज्ञान न स्त्री है न पुरुष,*
*हे नास्तिनाथ!*

**—गोग्गव्वे**

इस साहित्यिक आन्दोलन ने स्त्री में स्वाभिमान, स्वावलम्बन और निडरता का स्वभाव भर दिया था, जो स्त्रीवाद का मूल मंत्र है। अक्कमहादेवी लोकनिन्दा और संघर्षों से नहीं डरती थीं। उसमें स्त्री चिन्तन ने यहाँ तक साहस भर दिया था कि वह कहती हैं :

*कल जो आनेवाला होगा, आज आने दो,*
*आज जो आनेवाला होगा, अब आने दो,*
*अब-तब न कहो हे चन्नमल्लिकार्जुन!*

वे अध्यात्म के चिन्तन में भी बड़ी गहराई से डूब जाती हैं। शिवशरणों के साथ समान रूप से 'शिवयोग चिन्तन' में भाग लेती और लिखती हैं।

आज स्त्रीवाद की स्वस्थ अभिलाषा भी यही है कि स्त्री को इस समाज में व्यक्तित्व विकास के समान अवसर मिलें। उसमें स्वाभिमान एवं स्वावलम्बन हो एवं देश के सामाजिक, सांस्कृतिक, राजकीय-वित्तीय विकास में उसकी सक्रिय भागीदारी हो। इस लक्ष्य को हासिल करने के लिए चिन्तनशील और संघर्षशील स्त्रीवर्ग को विचारवान पुरुषवर्ग के सहयोग से जंग जारी रखना आवश्यक है। जग को अर्थपूर्ण और सक्रिय करने हेतु जहाँ कहीं भी प्रेरणा के प्रकाश-कण हों उसे सहज ही स्वीकार करना सही निर्णय है। विशेषत: जब भारतीय साहित्य-सांस्कृतिक इतिहास में ऐसे सन्दर्भ हैं तो उसे प्रेरणा के रूप में स्वीकार कर लेना चिन्तन के लिए प्रेरणा की असीम धाराएँ हैं।

जब सारा यूरोप सोया हुआ था, अमेरिका में सोलहवीं सदी में अभी गुलामी पद्धति जारी थी, हिन्दी साहित्य के भक्तिकाल में कबीर आदि संत जातिव्यवस्था और अस्पृश्यता का विरोध कर रहे थे, पर उन्होंने भी स्त्री को साधना के मार्ग में बाधक समझा था, वह भी चौदहवीं सदी में। तो वहीं बारहवीं सदी में कन्नड़ में महिलाएँ, विशेषत: श्रमिकवर्ग की महिलाएँ अधिक संख्या में काव्य लिख रही थीं। काव्य का उद्देश्य था सामाजिक हित और स्वस्थ समाज की स्थापना की परिकल्पना। शिवशरणियों के काव्य का आदर्श समाज था, सब प्रकार की समानताओं का समाज, शोषण रहित समाज, स्त्री वर्ग के स्वाभिमान का समाज। वेश्या वर्ग की स्त्री यहाँ काव्य की रचना करती थी, पुरुषवर्ग से प्रश्न करती, साथ-साथ चिन्तनशील पुरुष वर्ग का आदर भी करती थी।

अब मेरे सामने प्रमाण हैं कि हिन्दी में लिखा साहित्य ही भारतीय साहित्य नहीं है। हर भारतीय भाषाओं में लिखा साहित्य भारतीय साहित्य है। हाँ, हिन्दी में आज वह उपलब्ध है तो अधिक पाठकों तक, विशेषत: सभी भारतीय भाषाओं के सन्दर्भ में पढ़ रहे पाठकों तक भी पहुँच पाता है वहाँ के गिने-चुने हिन्दी पाठकों द्वारा।

इसलिए वचन साहित्य की शिवशरणियों की रचना हिन्दी द्वारा भारतीय स्त्री चिन्तन साहित्य का मुख्य पाठ्य हो। जनभाषा कन्नड़ में वचन साहित्य रचा गया। एक भाषा के विकास की चरम सीमा जिसे हम कह सकते हैं, वह यहाँ सम्भव हुआ था। एक वचनकार लिखते हैं, 'करोड़ों वचन लिखकर थक गया जी!' भले ही करोड़ों की संख्या में नहीं पर लाखों की संख्या में वचनों की रचना यहाँ हुई थी। अध्यात्म की सूक्ष्मातिसूक्ष्म और समाजमुखी सहज-सरल विचारों की अभिव्यक्ति की शक्ति इस भाषा को प्राप्त हुई थी। विशेषता यह है कि स्त्रीवर्ग भी समान रूप से इसके लिए कारण था।

# शरणों के साहित्य में सामाजिक चेतना

साहित्य समाज का प्रतिबिम्ब है। समाज की धार्मिक, आर्थिक, सांस्कृतिक और सामाजिक प्रवृत्तियों की प्रतिक्रिया साहित्य में होती है। साहित्यकार लोगों के जीवन के सुख-दुख, हर्ष-विषाद, आकर्षण-विकर्षण, अच्छाई-बुराई से स्पन्दित होता है। अपने साहित्य में उसे अभिव्यक्त करता है। साहित्य इस जीवन की व्याख्या करने का प्रयास करता रहता है, इसीलिए उसमें जीवन देने की शक्ति होती है। वह मानव को लेकर ही जीवित है—समाज में रहकर ही जीवित है इसीलिए वह मानव केन्द्रित है।

साहित्य समष्टिगत चेतना की उपज होने के कारण साहित्य और समाज का घनिष्ठ सम्बन्ध होता है। समाज के विभिन्न क्षेत्रों और परिस्थितियों में साहित्यकार के चेतन मन पर पड़े संस्कार ही अवचेतन मन में संगृहीत होते रहते हैं, और उपयुक्त समय पाकर अभिव्यक्ति पाते हैं। मनुष्य क्योंकि सामाजिक प्राणी होता है, सामाजिक परिस्थितियों से वह अछूता नहीं रह सकता। सामाजिक समस्याओं, विचारों तथा भावनाओं का जहाँ वह स्रष्टा होता है वहीं वह उनसे स्वयं भी प्रभावित होता है। समाज की कई बातों से संवेदनशील व्यक्ति ही अधिक प्रभावित होता है। प्रत्येक व्यक्ति समान स्तर से संवेदनशील नहीं होता, जितना वह अधिक संवेदनशील होता है उतना ही वह सामाजिक समस्याओं के लिए निकट होता है।

कवि समाज का एक जागरूक नागरिक होता है। कहा गया है कि जिसे रवि ने नहीं देखा, उसे कवि ने देखा। कवि अपने देशकाल से प्रभावित होता है। देश की किसी भी लहर से वह अछूता नहीं रह सकता। अपने देश बन्धुओं के कष्टों से उसकी आत्मा रो उठती है, जो काव्य के रूप में अभिव्यक्त होता है। जिस कवि की आत्मा अपनों के दुःखों से नहीं रोती उसका काव्य खोखला होने की अधिक सम्भावनाएँ होती हैं।

'समाज कई व्यक्ति और मूल्यों का अमूर्त संकेत है। लेखक को इसके साथ सजीव सम्बन्ध जोड़कर जीवन व्यतीत करना होता है। यदि वह जीवन की समस्याओं की उपेक्षा करता है तो जीवन के साथ उसका सम्बन्ध कट जाता है, वह स्वयं एक टापू बन जाता है और उसकी रचना रक्तहीन होती है। उनको चाहिए कि अपने

युगीन जीवन को प्रभावित करने वाली धार्मिक, राजनीतिक, नैतिक, सांस्कृतिक और राष्ट्रीय समस्याओं में अपने आप को लगा दे।' प्रत्येक कवि से हम यह आशा नहीं कर सकते कि व्यष्टिहित से समष्टिहित की ओर ही अधिक ध्यान दें। इतना अवश्य कहा जा सकता है कि जो कवि व्यष्टि से भी समष्टिहित के लिए अधिक निकट होता है उसका काव्य उतना ही सजीव होता है।

एक श्रेष्ठ साहित्यकार की रचना अपने समकालीन सामाजिक चेतना को लेकर ही जन्म लेती है। यह और भी महत्त्वपूर्ण बात है कि 'वह साहित्यकार समकालीन चेतना के कारण प्राप्त अनुभूति को अभिव्यक्ति उस युगीन सजीव सम्पर्क भाषा में ही करता है।'

साहित्य में सक्रिय परिवर्तन उस युगीन प्रमुख घटनाओं को लेकर ही होता है। डॉ. वैजनाथ प्रसाद शुक्ल का कहना है कि 'साहित्य में जब कोई नई विधा जन्म लेती है अथवा परम्परागत साहित्यिक परिपाटी में जब कोई परिवर्तन-क्रम होता है तो वह अकारण नहीं, उसके परिपार्श्व में युगीन पृष्ठभूमि के कारण साहित्यिक युग बोध क्रियाशील रहता है।' विश्व के प्रमुख साहित्यों में नई विधा का आगमन ऐसे ही युगबोध के कारण से ही हुआ है। शरणकालीन समाज में सामान्य लोग संस्कृत की प्रौढ़ शिक्षा से अनभिज्ञ थे। मठ-मन्दिर और अग्रहारों की शिक्षा से वे वंचित थे। उनके मार्गदर्शन के लिए एक सरल शिक्षा प्रकार की आवश्यकता थी। इसीलिए शिवशरणों ने तत्कालीन सरल और सम्पर्क भाषा कन्नड़ में वचन साहित्य की रचना की।

कन्नड़ साहित्य के इतिहास में बारहवीं शती के शिवशरण साहित्य को उपरोक्त विचारधाराओं के सन्दर्भ में अध्ययन किया जा सकता है। समाज के प्रति सचेत साहित्यकार के उत्तरदायित्व को उन्होंने भलीभाँति निभाया है।

शिवशरणों के रचनाकालीन समाज धार्मिक, सामाजिक, सांस्कृतिक, आर्थिक असमानताओं के कारणों से जड़ बन गया था। जाति और वर्ग भेदों के कारण से समाज टुकड़ों में बँट गया था। धर्म के नाम पर सामान्य लोगों का शोषण किया जा रहा था।

समाज को इन कष्टों से मुक्त करने का, विचारपूर्ण और सर्वसमानताओं से युक्त समाज निर्माण का भरसक प्रयास इन शिवशरणों ने किया है।

किसी कवि के काव्य के सन्दर्भ में सामाजिक चेतना शब्द की सार्थकता तब है जब कवि सब प्रकार की सामाजिक समस्याओं का सामना करे और उन समस्याओं से समाज को मुक्त कराने का प्रयास करे। इसे यों भी कह सकते हैं कि इस प्रकार के आन्दोलनों में कवि प्रत्यक्ष रूप से भाग लें। शिवशरणों ने अपने काव्य द्वारा और संघटन कार्य द्वारा इस दिशा में काम किया है।

शिवशरण और शिवशरणियों के समाज के प्रति अपार प्रेम और सहानुभूति थी। उनके साहित्य रचना की मूल प्रेरणा ही सामाजिक चेतना है, जो उनके साहित्य के अध्ययन से स्पष्ट हो जाता है। उनकी सामाजिक चेतना श्रेष्ठ स्तर की है। वचन साहित्य के विराट निर्माण में समकालीन जन-जागृति तथा सामाजिक चेतना काम कर रही थी।

शिवशरणों ने अपने काव्य द्वारा तत्कालीन जात-पाँत, उद्योग में ऊँच-नीच, आर्थिक दृष्टि से अमीर-गरीब, स्त्री की उपेक्षा, अनाचार-अविचार, स्वउद्योग में अगौरव और अन्धश्रद्धाएँ आदि सामाजिक बुराइयों के विरोध में युद्ध की ही घोषणा कर दी थी। उनका सागर के समान वचन साहित्य ही इस बात का साक्षी है।

## अनुभव मंटप की स्थापना

साहित्यिक और सामाजिक क्रान्ति की कल्पनाओं को यथार्थ में परिवर्तित करने के लिए शिवशरणों ने 'अनुभव मंटप' की स्थापना की थी। वर्ण-लिंग-वर्ग का भेदभाव न करते हुए सबको अनुभव मंटप में प्रवेश मिला। इसकी सदस्यता के लिए यह अनिवार्य माना गया था कि इसके सदस्य सभी को समानता की दृष्टि से देखें, शुद्धकायक करते हुए परिश्रमजीवी बनकर रहें, और स्त्री-पुरुषों में भेदभाव न करें। भारत के भिन्न-भिन्न प्रदेशों में इस अनुभव मंटप में भाग लेने के लिए, धार्मिक और सामाजिक परिवर्तन के आन्दोलन से अपने आपको जोड़ने के लिए शरण जमा हो गए थे जैसे कश्मीर से राजा महादेव और उनकी पत्नी, गुजरात से आदय्या, कलिंग देश से मरुळशंकरदेव, आन्ध्रा से मैदुन रामय्या तथा कर्नाटक के कोने-कोने से शिवशरण और शिवशरणियाँ। सभी वृत्ति के लोगों ने इसमें भाग लिया था, जैसे—मोची, ढोर, धोबी, केवट, हज्जाम, लकड़ी बेचनेवाले, रस्सी बनानेवाले, किसान, नट, संगीतज्ञ, चावल कूटनेवाला आदि। यहाँ तक कि सूळे (वेश्या) संकव्वे जैसी मन परिवर्तित वेश्या ने अनुभव मंटप में भाग लिया और उसने भी वचनों की रचना की। भिन्न-भिन्न वृत्ति के लगभग 400 शरण और शरणियों ने एक स्थान में, एक ही समय में, एक ही उद्‌देश्य के लिए मिलकर आत्मशुद्धि और समाज शुद्धि के कार्य इस अनुभव मंटप द्वारा किए। इनके कार्य पर डॉ. एच. तिप्पेरुद्रस्वामी प्रकाश डालते हैं—'जीवन को पूर्ण दृष्टि से देखकर, धार्मिक समन्वय सिद्धान्त को क्रियाशीलता को 'अनुभव मंटप' से वैचारिकता की शक्ति प्राप्त हुई। आधुनिक युग की वैज्ञानिक मनोवृत्ति, विचारशीलता का विकास धार्मिक और सामाजिक क्षेत्र में होने का अवकाश बसवण्णा ने अनुभव मंडप द्वारा दिया।

अधिकतर शिवशरण कवि निम्न जाति के थे, सर्वहारा वर्ग से आए हुए थे। बसवण्णा ने उनमें स्वाभिमान भर दिया, उनकी प्रतिभा को खिलने का मुक्त वातावरण दिया। इन्होंने अभिजात वर्ग का विरोध किया है। बसवेश्वर निम्न जाति के सुशील शरणों को पास बिठाते हैं, सद्गुणों का आदर करते हैं। सद्गुणों की कोई जाति नहीं होती। उनके एक वचन से यह बात स्पष्ट है—

*कुलहीन सुशील हो तो,*
*उसके पड़ोस में रहना भला है।*
*सुपथ छोड़े बिना लिंग का सुमिरन कीजिए।*
*सुपथ छोड़े बिना शिव का सुमिरन कीजिए।*
*अनुभव मंटप में*
*मोची चन्नय्य सुशील हैं, कूडल संगमदेव!*

**—बसवेश्वर**

जाति पद्धति की राक्षसी दुष्ट शक्ति से शरण भलीभाँति परिचित थे। इस सामाजिक समस्या ने उनके अन्तःकरण को हिलाकर रख दिया था। इस अनिष्ट पद्धति का इस समाज से समूल नाश करने के लिए एक मनुष्य मात्र से जो हो सकता है वह बसवण्णा के नेतृत्व में सभी शरण और शरणियों ने किया। उपेक्षितों में आत्माभिमान और आत्मबल उन्होंने भर दिया। उस समाज में जिन्हें अत्यन्त हीन माना जाता था उनके साथ अपने को समान (Equal) करने के लिए बसव एवं अन्य शरणों ने प्रयास किया। बसव मोची, चमार आदि दलितों से अत्यन्त आत्मीयता के सम्बन्ध जोड़ते हैं। एक वचन में देखा जा सकता है—

*पिता मेरे मोची चन्नय्य,*
*ताऊ मेरे चमार कक्कय्य,*
*देखिए पितामह मेरे चिक्कय्य,*
*भाई मेरे किन्नर बोम्मय्य—*
*आप मुझे कैसे नहीं जानते कूडल संगमदेव?*

**—बसवेश्वर**

बसवेश्वर उनको पिता, ताऊ, भाई के रूप में सम्बोधित मात्र नहीं करते वे उन्हें हृदय में बिठाते हैं। बसवण्णा की पत्नी शिवशरणी नीलम्मा भी अपने आपको 'मोची चन्नय्या की पोती' कहती हैं। शिवशरणियों के वचनों में जाति पद्धति की बुराइयों का विरोध है। शरणी अमुगे रायम्मा स्पष्ट शब्दों में कहती हैं कि 'अगर शीलवान हो तो जात-पाँत त्याग दो।'

बसवेश्वर का जन्म शैव ब्राह्मण कुल में हुआ था। उसने अपने बाल्यकाल से ही ब्राह्मण कुल के वैदिकाचरण और जड़ संस्कारों का विरोध किया था और उपनयन के बाद जनेऊ को भी गले से उतारकर फेंक दिया था।

ब्राह्मणों ने शूद्र और स्त्रियों को सब संस्कारों से वंचित किया था।

शिवशरणों ने व्यक्ति स्वातंत्र्य के आधार से लिंगायत धर्म की स्थापना की थी, जिसके द्वारा शूद्र और नारी का सर्वांगीण विकास हो सकता है। बसव अपने आपको ब्राह्मण कुल में गिनना अपमान समझते थे जहाँ शूद्र और स्त्री को धार्मिक और सामाजिक सम्मान नहीं है। अन्य शिवशरणों को कभी हीन नहीं समझते और कहते हैं अगर मैं अपने को ब्राह्मण कहूँ तो कूडलसंगमदेव हँस पड़ेंगे—

*सिरियाळ को वणिक कह सकता हूँ?*
*माचय्या को धोबी कह सकता हूँ?*
*कक्कय्या को चमार कह सकता हूँ?*
*चन्नय्य को मोची कह सकता हूँ?*
*मैं अपने को ब्राह्मण कहूँ तो हँस पड़ेंगे कूडलसंगमदेव।*

**—बसवेश्वर**

इस दिशा में कार्यरत शिवशरणों का परम्परावादियों ने विरोध किया। लेकिन इन्होंने तो घोषणा ही कर दी कि 'स्वयं को जो पहचानता है, उनके लिए जाति एक ही है।'

इन शरणों के सम्पर्क में आकर कई हीन जाति के लोगों का उद्धार हुआ। वे सोचने लगे कि जन्म से कोई छोटा-बड़ा नहीं होता। शिवशरणी लिंगम्मा शरणों के सम्पर्क में अपने आपको धन्य समझती हैं—

*निम्न जाति में जन्म लेकर,*
*सत्संग में विकसित होकर,*
*सत्य शरणों के चरणों में रही।*
*ऐसों के दर्शन से अँधेरा दूर हुआ।*

**—लिंगम्मा**

निःसंशय संवेदनशील शिवशरण वचनकारों का हृदय तत्कालीन अस्पृश्यों की ज्वलंत समस्या से काँप उठा और उनकी मुक्ति के लिए अथक प्रयास उन्होंने किया। समस्त वचन साहित्य इस बात के लिए साक्षी है। इनके वचनों में यह प्रयास दिखाई देता है कि हीन जातियों में जन्मे व्यक्तियों को हीन-भावना (Inferiority Complex) को समूल नाश करें। बसवेश्वर को इसमें सफलता मिली

थी। इसलिए चन्नय्या, कक्कय्या, अबिंगर चौडय्या, हरळय्या जैसे शरण विकास की चरमसीमा पर पहुँच चुके थे।

निम्न उद्धरण से यह भलीभाँति स्पष्ट होता है कि शिवशरणों ने किस प्रकार अस्पृश्योद्धार का प्रयास किया था और वचन की इस दिशा में कैसी सार्थकता है। कहा गया है कि आज कर्नाटक में हरिजनों की स्थिति अन्य राज्यों की तुलना में अच्छी है तो इसका कारण बारहवीं सदी में शिवशरणों से किया हुआ अस्पृश्योद्धार का प्रयास है—

The socio-religious status of the harijans of Karnataka is slightly different from the status of the Harijans who lived in other parts of India. This is because of the powerful role played by Lingayat religio-reformist movement which flourished from the 12th century onwards. So one can reasonably say that systematic efforts to remove untouchability were started by the Sharan Saints (Shivasharana Vachanakars) in Karnataka in the 12th Century. In a way the movement for removal of Untouchability had already gone for ahead compared with work done in the 20th Century.

शिवशरणों का वचन लोकहित के लिए है न कि काव्य देवी के सौन्दर्य में चार चाँद लगाने के लिए। इनके वचनों में अस्पृश्यों और उपेक्षितों के हृदय की आह सुनाई देती है। इसने दलितों में आत्मसम्मान और व्यक्ति के सर्वांगीण विकास के अवकाश दिखाए। इसी में इस वचन साहित्य की सार्थकता है।

## कायक (शारीरिक परिश्रम) व स्वावलम्बन

भारतीय समाज का धार्मिक जीवन एक दृष्टि से अकर्मण्यता का ही जीवन है। किसी भी धार्मिक व्यक्ति को एक बार धर्म का ठेका मिल गया कि बस वह धर्मोपदेश में परोपजीवी बन जाता है। समाज के अन्य व्यक्तियों के परिश्रम पर पलना अपना अधिकार समझने लगता है।

शिवशरणों के वचन साहित्यकालीन समाज में भी धार्मिक व्यक्तियों में ऐसी ही जड़ता और अकर्मण्यता आ गई थी। धर्म के नाम पर सामान्य लोगों का शोषण हो रहा था। इस कारण से लोगों में भी जड़ता आई थी। 'सामान्य लोग ज्योतिष आदि पर अति विश्वास के कारण से परावलम्बी और आलसी बन गए थे। परिश्रम का गौरव कम हुआ था। जिस समाज में परिश्रम का गौरव कम हो जाता है, वह समाज असुरक्षित हो जाता है और बेरोजगारी बढ़ जाती है। यदि विज्जळ राजा के महाभंडारी बसवेश्वर के घर में ही चोर घुस आते हैं तो सामान्य जनता की कैसी परिस्थिति होगी!।

सरकारी अधिकारी, मठ-मन्दिर और अग्रहारों के अधिपति और व्यापारी सब मिलकर सामान्य वृत्तिजीवियों का शोषण कर रहे थे। मठ और मन्दिर इतने

शक्तिशाली थे कि लोगों से कर वसूल करने का उन्हें अधिकार था। 'राजा अधिकारी और धनवान लोग मठ-मन्दिरों और अग्रहारों को दान देते थे। अग्रहारों के कर वसूल व अधिकारों को देखते हुए यह स्पष्ट हो जाता है कि वे लोग कितने सुख और लोलुपता का जीवन व्यतीत कर रहे थे और उस ग्राम के वृत्तिजीवी इनको कर देकर, मुफ्त में इनकी सेवा करते हुए कितनी दयनीय स्थिति में थे।' मन्दिरों को सिक्के छापने तक का अधिकार था।

शिवशरणों के वचनों से यह स्पष्ट हो जाता है कि अग्रहार और मठ-मन्दिरों के अधिपति समाज के प्रति निष्ठावान नहीं थे। वे दुर्व्यसनी, ढोंगी और परोपजीवी होते हुए ऐश करनेवाले थे। इनके प्रति शरणों ने अपना असंतोष प्रकट किया है। शरण अंबिगर चौडय्या का एक वचन में देख सकते हैं कि कैसे ये आडम्बर से लोगों पर प्रभाव डालकर मठ बनाकर पेट की व्यवस्था करके व्यसनी बन गए थे—

*विरक्त को निमंत्रण देकर पूजा करने से,*
*श्वान को आसन पर बिठाकर पूजा करना बेहतर है,*
*क्योंकि ये अपने आपको-आणवमल, मायामल कार्मिक मलों से मुक्त,*
*अष्टमद विरहित, षड्गुण नाशी, शास्त्र में सम्पन्न,*
*क्रिया में वीरशैव, मुक्त कहते हुए जग में मठ बनाकर,*
*मान-सम्मान पाकर, रोटी का आश्रय पाकर,*
*बुरी आदतों में अनुरक्त होकर, सब कुछ मुझे चाहिए*
*कहते हुए, तमोगुणों से धन इच्छा करते हुए,*
*विरतिस्थल श्रेष्ठ कहते हुए,*
*गेरुए वस्त्र धारण कर,*
*वेषाडम्बर में विचरते भ्रष्टों का मुख कभी नहीं देखना चाहिए।*

**—अंबिगर चौडय्या**

समाज के प्रति जागरूक शिवशरणों ने इसे देखा और कहा कि धर्माचरण के लिए भी शारीरिक श्रम अनिवार्य है। जो वृत्तिहीन है, आलसी है, उसे खाने का अधिकार नहीं है। कोई वृत्ति उच्च या नीच नहीं है काम करना ही उच्च गुण है और काम नहीं करना ही नीचता है। बसवण्णा ने अपने एक वचन में कहा है कि घर आए भक्तों से कभी यह नहीं पूछूँगा कि आप क्या काम करते हैं क्योंकि काम कोई भी हो पवित्र ही है—

*आपकी आपके पुरातनों की सौगन्ध।*
*मेरा मस्तक अर्पण करूँगा, हे कूडलसंगमदेव! यदि मैं*
*घर आए भक्त और भगवान से भी यदि यह पूछूँ*

*कि आप क्या काम करते हैं?*
*आपकी रनिवास की शपथ, मैं*
*भक्तों से जाति नहीं पूछूँगा।*

**—बसवण्णा**

और शिवशरणी गंगम्मा भी अपने एक वचन में कहती हैं कि कायक कोई भी हो कायक ही है और व्रत कोई भी हो व्रत ही है। कोई छोटा या बड़ा नहीं है।

*वृत्ति कोई भी हो, वृत्ति ही है, हे देव!*
*व्रत कोई भी हो व्रत ही है।*

**—गंगम्मा**

'कायक' (वृत्ति, परिश्रम) को ही 'कैलाश' घोषित करते हुए शारीरिक परिश्रम और उसके द्वारा स्वावलम्बी जीवन को अनिवार्य कर दिया, जिससे वृत्ति-गौरव (Dignity of Labour) बढ़ गया। कायक उदर-पोषण के लिए मात्र नहीं बल्कि धार्मिक साधना के लिए भी यह अनिवार्य है। शिवशरण कायक को गुरुवाणी से भी, लिंगपूजा से भी और जंगमों की सेवा से भी श्रेष्ठ मानते हैं। परिश्रम का ऐसा उदात्तीकरण शायद ही अन्यत्र मिलता हो। आय्दक्कि मारय्या का यह वचन देख सकते हैं—

*कायक के समय में —*
*गुरु दर्शन भी त्याग दो, लिंगपूजा भी त्याग दो,*
*जंगम सम्मुख हो तो भी परवाह न करो,*
*कायक ही कैलास है इसलिए*
*अमरेश्वर लिंग भी कायक में ही है।*

**—आय्दक्कि मारय्या**

गुरु और जंगमों के प्रति शिवशरणों और शिवशरणियों के मन में अपार श्रद्धा की भावना है। लेकिन कायक को अपनाने के सम्बन्ध में उनको अलग गिना नहीं जाता है। वे यह कभी स्वीकार नहीं करते कि गुरु और जंगम शारीरिक परिश्रम से मुक्त हैं। उन्होंने कहा कि गुरु हों या जंगम कायक को अपनाने पर ही आध्यात्मिक साधना के योग्य हैं। शरण नुलिय चन्दय्या का यह वचन इस दिशा में उल्लेखनीय है—

*गुरु भी, कायक से ही जीवनमुक्त है,*
*लिंग भी, कायक से ही शिलागुण मुक्त है।*

*जंगम भी, कायक से ही वेषजालमुक्त है।*
*हे चन्नबसवण्णप्रिय चन्देश्वर लिंग का ज्ञान!*

**—नुलिय चन्दव्या**

उपदेश मात्र से जीवन व्यतीत करना, परोपजीवी बनकर रहना शिवशरण कभी पसन्द नहीं करते। यह तो ज्ञान का भ्रष्टाचार हुआ। इस प्रकार के लोगों के रहने से समाज खोखला बनता है। पंडित और पुरोहित वर्ग से और बुद्धिजीवियों से मुग्ध श्रमजीवियों का शोषण होने लगता है, इसलिए उपदेश मात्र से रोजी-रोटी ढूँढ़नेवालों पर शरण मेरेमिंडिदेव व्यंग्य कसते हैं—

*उपदेश से जीनेवाले को भलाई-बुराई की बात क्यों?*
*उसने बात सीखी बातूनी की तरह, खेल सीखा खिलाड़ी की तरह,*
*अरे, वह कैसा ज्ञान?*
*सम्मान तो दूर, रामेश्वर लिंग से अति दूर।*

**—मेरेमिंडिदेव**

कायक के बिना मनुष्य भोजन कैसे कर सकता है? परिश्रम करना ही एक योग के समान है जिसके बिना मन की शुद्धि कहाँ? परिश्रमरहित (अपक्व) अन्न भगवान के लिए भी अस्वीकार है। शरण सिद्धराम का एक वचन इसे स्पष्ट करता है—

*कृषि करके अन्न नहीं खाएँगे, तो भूख मिटेगी कैसे?*
*कर्म (परिश्रम) योग करेंगे नहीं, तो निर्मल सुचित प्राप्त होगा कैसे?*
*अपक्व अन्न स्वीकार कैसा? कपिलसिद्ध मल्लिकार्जुन को?*

**—सिद्धराम**

परिश्रम के बिना अर्जित अन्न शिवशरणों के लिए अपक्व है जो पाचन-क्रिया के लिए अयोग्य है। वृत्ति से धनार्जन करने में सत्य और शुद्धता चाहिए। किसी भी मार्ग से चाहे नीति से या अनाति से धनार्जन शिवशरणों को स्वीकार नहीं है। धनार्जन का कोई पाप मार्ग अपनाता हो तो उसे मानसिक शुद्धि कहाँ और सामाजिक मूल्य कहाँ रह जाता है? शरणों के विचार से सत्य शुद्ध कायक से अर्जित धन से समाज सेवा जो करता है उसके हृदय में उसका आराध्यदेव बसता है। शरण मादार धूळय्या अपने एक वचन में यही भाव प्रकट करते हैं—

*कपटरहित सत्य शुद्ध कायक से अर्जन कर,*
*प्रतिदिन जो भक्त जंगम दासोह करेगा*
*उसके हृदय में बसेगा काम धूम धूलेश्वर।*

**—मादार धूलय्या**

अनीति और अत्याचार से, गरीबों के शोषण से अर्जित धन सत्कार्य के लिए योग्य नहीं। भ्रष्ट मार्ग से धनार्जन कर दिखावे के लिए धर्म पर व्यय कर धर्मात्म बनने चलते हैं। ऐसे लोगों की संख्या समाज में अधिक होने से प्रामाणिक और सत्यमार्गी लोग पहचाने नहीं जाते। इसलिए ऐसे पाप मार्ग से धनार्जन करनेवालों पर वचनकार व्यंग्य करता है। बसवण्णा एक वचन में कहते हैं कि पापी का धन प्रायश्चित्त के लिए ही योग्य होगा सत्कार्य के लिए नहीं—

*पापी का धन प्रायश्चित्त के लिए होता है, न कि सत्कार्य के लिए।*
*कुतिया का दूध पिल्ले के लिए होता है, न कि पंचामृत के लिए।*
*कूडलसंगमदेव के शरणों को छोड़*
*औरों पर व्यय किया धन व्यर्थ है।*

**—बसवण्णा**

शिवशरणियाँ कायक के महत्त्व को अच्छी तरह जानती थीं। कायक में आलसता तक सहन नहीं करती। परिश्रम उनके लिए किसी धार्मिक वृत्त से कम नहीं है। शिवशरणी कळव्वे कहती हैं कि कायक रुक गया तो कभी सहन न करो—

*कायक रुक गया तो सहन न करो,*
*व्रत रुक गया कभी सहन न करो,*
*हे कर्महर कालेश्वर!*

**—काळव्वे**

ठीक इसी तरह शिवशरणी आय्दक्कि लक्कम्मा समय व्यतीत करते पति मारय्या से तुरन्त जाने को कहती हैं। उनके वचन से यह स्पष्ट है—

"कायक रुक गया, जाइए मेरे प्रभु! तुरन्त जाइए हे मारय्या" परिश्रम के लिए इतनी उत्सुकता जिस समाज में हो उसके साहित्य को सामाजिक होना स्वाभाविक है।

ये शरण और शरणियों ने अपने लिए तो परिश्रम यहाँ एक अनिवार्य अंग इस जीवन के लिए माना था। गुरु, लिंग को भी परिश्रम यहाँ अनिवार्य है। इन्होंने अपने इष्टदेव को भी परिश्रम से मुक्त नहीं किया।

इस सम्बन्ध में एक रोचक प्रसंग शिवशरण नुलिय चन्दय्या के साथ मिलता है। एक बार नुलिय चन्दय्या रस्सी तैयार कर रहे थे। यही उनका कायक था। काम करते समय उनका इष्टलिंग सरोवर में गिर गया। उस इष्टलिंग को समय न होने से चन्दय्या उठाते नहीं। क्योंकि कायक ही उनके लिए श्रेष्ठ है। इष्टदेव इष्टलिंग से

कहते हैं कि अगर तुम रस्सी बना सकते हो तो मेरे पास आओ अन्यथा मुझे तुम्हारी आवश्यकता नहीं है—

*इष्टलिंग तो गुरु की कृपा से है,*
*हे चन्नबसवण्णप्रिय चन्देश्वर लिंग।*
*रस्सी बना सकते हो तो आओ, मेरे पिता।*

**—नुलिय चन्दय्या**

वृत्तिशील परिश्रमी को कभी धन का अभाव नहीं होता। उनके घर में सब खा-पीकर संतुष्ट रहते हैं और उनके आश्रय में पलने वाले कई लोग होते हैं। धनलक्ष्मी उनके घर में रमती है। शिवशरणी आय्दक्कि लक्कम्मा सभी शिवशरणियों में श्रेष्ठ कायकजीवी मानी जाती थी। उनके एक वचन से यह स्पष्ट होता है कि परिश्रमी को धन की कमी नहीं—

*शुद्ध मन से परिश्रम करने पर*
*धनलक्ष्मी घर भर धन देती है*
*मारय्या प्रिय अमलेश्वर लिंग की सेवा में रहने पर।*

**—आय्दक्कि लक्कम्मा**

शारीरिक परिश्रम के महत्त्व का चित्रण अपने साहित्य में कर, परिश्रम के प्रति गौरव और श्रद्धा की भावना की स्थापना कर, उसे आध्यात्मिक साधना का साधन कहकर शिवशरणों ने जड़ समाज को क्रियाशील बनाया। साहित्य के द्वारा धर्म में परिश्रम के महत्त्व को बढ़ाने का कार्य शायद विश्व में कहीं नहीं मिलता। आज से लगभग आठ सौ वर्ष पहले जात-पाँत, छुआछूत पर जो प्रबल प्रहार कर्नाटक में हुआ था और कायक परिश्रम के पवित्र महत्त्व पर जो आध्यात्मिक जोर डाला गया था उसे जानकर किस भारतीय का सिर ऊँचा नहीं उठेगा?

इससे स्पष्ट है कि समाज के हित के प्रति वचनकारों के हृदय में कितनी सहानुभूति थी।

## संग्रह-प्रवृत्ति का विरोध

मनुष्य में दुराशा के कारण आवश्यकता से अधिक संग्रह करने की प्रवृत्ति होती है। यहीं पर अस्वस्थ और विषमताओं से भरे समाज की जड़ें हैं। जहाँ मनुष्य अधिक संग्रह करने लग जाता है तो यह स्पष्ट है कि वह दूसरों का अधिकार छीन रहा है। यही आर्थिक अपराध है। बसवयुगीन समाज में राजा, अधिकारी, व्यापारी और

मठ-मन्दिरों के अधिकारी गरीबों के शोषण से धन संग्रह कर रहे थे। उनके धन से सामाजिक कार्य कभी नहीं हो सकता था। इसलिए शिवशरणों ने संग्रह प्रवृत्ति का विरोध किया है। उनका उद्देश्य ऐसे समाज की स्थापना थी जहाँ किसी प्रकार का शोषण न हो और कोई विषमता न हो।

बसवण्णा के वचन से यह स्पष्ट हो जाता है कि वे कल के लिए रत्तीभर सोना और सूत भर कपड़ा संग्रह करने की इच्छा नहीं रखते—

*सोने की एक रत्ती, साड़ी का एक सूत*
*अन्न का एक दाना,*
*आज के लिए कल के लिए, होना चाहिए कहा तो*
*आपकी सौगन्ध! आपके पुरातनों की सौगन्ध*
*ये आपके शरणों के लिए ही है।*
*मैं अन्य कुछ नहीं जानता हूँ! कूडलसंगमदेव।*

**—बसवण्णा**

आय्दक्कि मारय्या और उसकी पत्नी लक्कम्मा दोनों अपने सात्त्विक कायक के लिए शरणों में प्रसिद्ध थे। मारय्या बसवण्णा के महामने के आँगन से चावल चुनकर लाते थे। इससे उनका पेट भरता था और जंगमों की सेवा भी इसी से हो जाती थी। मारय्या का कायक यही था। एक दिन वहाँ चावल अधिक पड़ा मिला और मारय्या के उस दिन ज्यादा चावल घर लाने से पत्नी लक्कम्मा पति को सचेत करती है कि लोभ तो राजा को चाहिए हमें नहीं और चावल लौटा देती है। यह वचन देखिए जिससे यह स्पष्ट होता है कि संग्रह करने की प्रवृत्ति समाज के लिए घातक है—

*आशा तो राजा में चाहिए,*
*शिवभक्तों में क्यों?*
*क्रोध तो यमदूतों में चाहिए*
*भक्तों में क्यों?*
*इतने चावल की आशा आपमें क्यों? ईश्वर मानेंगे नहीं,*
*मारय्य प्रिय अमलेश्वर लिंग से आप दूर, मारय्या।*

**—आय्दक्कि लक्कम्मा**

शरण चन्नबसवण्णा कहते हैं कि 'परधन की आशा न करना ही शील है।' धनसंग्रह नहीं करना, दूसरों की सम्पत्ति पर नजर नहीं डालना इनका सामाजिक मूल्य बन गया था। मनुष्य के व्यक्तित्व के दो पक्ष व्यष्टि-समष्टि होते हैं। व्यष्टि

का कर्तव्य है कि समष्टि जीवन सुखी बनाने की दिशा में प्रयास करते रहे। स्वअर्जन से व्यय के बाद जो बचता है उसे सामाजिक हित में खर्च करना चाहिए। यह सही सामाजिक जीवन का रूप हो सकता है। शरणों ने इन विचारों का प्रतिपादन और आचरण किया था। बसव एक वचन में कहते हैं कि सब कुछ सब में बाँटकर खाना चाहिए। कौआ एक दाना भी देखता है तो अपने सब साथियों को बुलाता है—

*एक ही दाना अन्न का देख,*
*कौआ अपने समूह को बुलाएगा नहीं?*
*एक ही दाना अन्न का देख,*
*मुर्गी अपने कुल को बुलाएगी नहीं?*

**—बसवण्णा**

संग्रह प्रवृत्ति का व्यक्ति कभी दूसरों की सहायता नहीं करता। वह कौए-मुर्गी से भी छोटा है। इससे स्पष्ट है कि शरण अपने वचन के द्वारा कैसे समाज को देखना चाहते थे। आज के समाज की दुर्गति का कारण प्रत्येक व्यक्ति का स्वार्थी होना है। व्यक्ति सोचे कि आवश्यकता से अधिक पास नहीं रखना चाहिए। उस अधिक पर समाज का अधिकार है। इसी दिशा में शरणों ने सोचा था और इसीलिए संग्रह प्रवृत्ति का खंडन किया था। इनकी ऐसी विचारधारा आज के लिए भी प्रासंगिक है।

## स्त्री-विमोचन

भारत में स्त्री की उपेक्षा युग-युगों से पुरुष प्रधान समाज में होती रही है। धार्मिक, सामाजिक और शैक्षणिक क्षेत्रों में व्यक्तित्व विकास के अवसरों से स्त्री वंचित रही है। नारी बाल्यावस्था में पिता पर, यौवनावस्था में पति पर और वृद्धावस्था में बेटों पर निर्भर रहती है। शिवशरणों के पूर्वयुगीन नारी की स्थिति भी कुछ ऐसी ही थी। वह प्रायः भोग की वस्तु, पापों की पिटारी और साधना के मार्ग में बाधा डालनेवाली और नरक के रास्ते में ले जानेवाली के रूप में मानी गई है। वह शिक्षण द्वारा व्यक्तित्व विकास से वंचित थी।

डॉ. पी.बी. देसाई ने भी कहा है कि वह पुरुष से समानता नहीं कर सकती थी।

यह भारतीय समाज के लिए कितनी दुर्भाग्य और अपमानजनक बात है कि स्त्री और शूद्र किसी भी संस्कार और वेदाध्ययन से वंचित किए गए थे। लगता है कि इस समय में सती पद्धति लोकप्रिय थी जिसमें नारी की इच्छा नहीं होने पर भी उसे सामाजिक बन्धनों के कारण सती होना पड़ता था।

नारी की इस दुर्गति और उपेक्षा की शिवशरणों ने कड़ी आलोचना की है और ऐसे समाज का इन्होंने विरोध किया है। वह तो पुरुष की सहधर्मिणी होती है पुरुष के विकास में सहायक ही नहीं बल्कि प्रेरणा बन सकती है। अवकाश मिलने पर पुरुष के समान ही व्यक्तित्व के सर्वांगीण विकास की चरमसीमा पर पहुँच सकती है। बसवयुग की शिवशरणियाँ इस तथ्य का प्रमाण हैं। लगभग बत्तीस शिवशरणियों ने अनुभव मंटप में भाग लेकर शरणों के साथ धार्मिक, सामाजिक और साहित्य का चिन्तन किया। अन्य शिवशरणों ने बसव, अल्लमप्रभु, चन्नबसवण्णा और सिद्धराम के समान ही श्रेष्ठ वचनों की रचना की है। आत्मोन्नति के साथ-साथ समाजोन्नति के मार्ग में इनकी बड़ी देन रही है। पुरुषों के साथ साहित्य, समाज और धर्म के परिवर्तनों में इन्होंने हाथ बँटाया।

अल्लमप्रभु यह स्पष्ट करते हैं कि स्त्री साधना के मार्ग में बाधक माया नहीं है, मनुष्य का मानसिक विकार ही माया है। वे कहते हैं—

*कहते हैं कनक माया है, कनक माया नहीं,*
*कहते हैं नारी माया है, नारी माया नहीं,*
*कहते हैं मिट्टी माया है, मिट्टी माया नहीं,*
*मन की चाह ही माया है, हे गुहेश्वर!*

**—अल्लमप्रभु**

सही माने में पुरुष के कन्धे से कन्धा लगाकर इस युग में स्त्री ने विकास किया है। अदूर-दृष्टि के अन्धों की आग में जलती नारी ने पुकार-पुकार कर अपनी मुक्ति के लिए वचन रचना की और इसमें अत्यन्त ही आत्मीयता से शरणों ने इनकी सहायता की। सामाजिक क्रान्ति का एक मार्ग इन शरणियों ने ढूँढ़ निकाला।

शरण और शरणियों ने पुरुष और स्त्रियों में योग्यता की दृष्टि से अन्तर को नकार दिया। शारीरिक रचना मात्र से वे दोनों भिन्न हैं न कि प्रतिभा और योग्यता में। शरण जेडर दासिमय्या कहते हैं कि थन-चोटी से स्त्री—स्त्री कहलाती है और मूँछ-दाढ़ी से पुरुष—पुरुष कहलाता है लेकिन इनमें स्थित आत्मा न पुरुष है न स्त्री—

*थन-चोटी से स्त्री कहलाएगी*
*मूँछ-दाढ़ी से पुरुष कहलाएगा।*
*दोनों में स्थित आत्मा न स्त्री है न पुरुष है, हे रामनाथ!*

**—जेडर दासिमय्या**

ज्ञान प्राप्ति के लिए भी स्त्री-पुरुष में कोई अन्तर नहीं किया जा सकता। ज्ञान न स्त्री का है न पुरुष का। इसलिए शरणी गोग्गव्वे पूछती हैं—

*थन-चोटी से स्त्री कहलाएगी,*
*मूँछ और काछ से पुरुष कहलाएगा,*
*इन दोनों में स्थित ज्ञान स्त्री है या पुरुष? हे नास्तिनाथ!*

**—गोग्गव्वे**

नारी में इस साहित्यिक आन्दोलन और शिवशरणों के सम्पर्क ने और स्वाभिमान भर दिया था। अक्कमहादेवी अपनी साधना के लिए घर-बार, गाँव की उपेक्षा कर सारे सामाजिक बन्धनों को तोड़कर कल्याण आई थीं। कई बाधाओं का सामना करना पड़ा। अक्कमहादेवी बाधाओं को चुनौती देती है कि कल का आज, आज का अभी आने दो—

*कल जो आएगा, आज ही आने दो*
*आज जो आएगा, अभी आने दो*
*अब-तब मत कहो, हे चन्नमल्लिकार्जुन!*

**—अक्कमहादेवी**

स्त्री के प्रति शिवशरणों के मन में असीम गौरव की भावना थी। स्वस्थ समाज के लिए स्त्री के प्रति गौरव की भावना अत्यन्त आवश्यक है। शरण सिद्धराम कहते हैं कि स्त्री, स्त्री मात्र नहीं बल्कि वह साक्षात् मेरा आराध्यदेव कपिलसिद्ध मल्लिकार्जुन ही है—

*स्त्री, स्त्री मात्र नहीं,*
*स्त्री, राक्षसी नहीं,*
*स्त्री साक्षात् कपिलसिद्ध मल्लिकार्जुन है।*

**—सिद्धराम**

बसवेश्वर कहते हैं कि मैं यहाँ-वहाँ विचरते हुए कहीं भी पर-स्त्री को साक्षात् पार्वती समझूँगा जो जीवन का श्रेष्ठ मूल्य हैं—

*शपथ! आपकी शपथ, आपके शिवशरणों की शपथ,*
*जहाँ कहीं भी मन विचरण करेगा,*
*परस्त्री को महादेवी कहूँगा, हे कूडलसंगमदेव!*

**—बसवण्णा**

पहले ही कहा जा चुका है कि उस युग में स्त्री भोग की वस्तु मानी जाती थी। विशेषकर मठ मन्दिर भोग के स्थान बन गए थे। स्त्री गौरव से नहीं बल्कि कामुक भावना से देखी जाती थी। कालामुख आदि शैव व्यसनी बन गए थे। मन्दिरों के स्थानापति मन्दिर की देवदासियों में अनुरक्त होकर समाज कार्यों से विमुख हो गए थे। सं. 1149 के एक शिलालेख में इसका उल्लेख है कि भक्तों से प्राप्त धन को अपने बालों में छिपाकर ये अपनी प्रेमी दासियों को देते थे।'

इसलिए परधन और परस्त्री को शरणों ने कभी स्वीकार नहीं किया। परस्त्री परधन पर जो दृटि डालता है वह भगवान को कभी संतुष्ट नहीं कर सकता। बसवण्णा का निम्न वचन देखिए—

*नीयत होनी चाहिए शरण की, परधन न चाहने की,*
*नीयत होनी चाहिए शरण की, परस्त्री न चाहने की,*
*नीयत न रहने वालों को अपनाते नहीं कूडलसंगमदेव।*

**—बसवण्णा**

शिवशरणी सत्यक्का तो कहती हैं कि परधन, परस्त्री और परदैव त्यागने से बढ़कर कोई पूजा-पाठ, मंत्र-तंत्र, धूप-दीपारति नहीं है। समाज इनके लिए श्रेष्ठ है व्यक्तिगत आध्यात्मिक साधना नहीं। सत्यक्का का यह वचन देखिए—

*अर्चन और पूजा व्रत नहीं,*
*मंत्र और तंत्र व्रत नहीं*
*धूप-दीप और आरती-व्रत नहीं,*
*परधन, परस्त्री, परदैव को नहीं चाहना ही व्रत है,*
*शंबुजकेश्वर में इन्हें दर्शन करना ही व्रत है।*

**—सत्यक्का**

शरण-शरणियों के काव्य से यह स्पष्ट हो जाता है कि इन्होंने नारी विमोचन, उसके सर्वांगीण विकास और समाज में मुक्त वातावरण के निर्माण के लिए प्रयास किया शायद भारत में बारहवीं शताब्दी में पहली बार नारी को अभिव्यक्ति स्वातंत्र्य मिला।

## बाह्याडम्बरों का खंडन

शरणयुगीन समाज वैदिक कर्मकांड और अन्धश्रद्धाओं के जाल में फँसा हुआ था। जैनों में सल्लेखन व्रत से प्राण त्यागने की पद्धति थी। सती-पद्धति भी प्रचलित थी।

कुछ सामान्य लोगों के तो सद्गति प्राप्ति के लिए प्राण त्यागने के उल्लेख भी मिलते हैं। यह माना जाता था कि भूत-प्रेत आदि की चेष्टाओं से बीमारियाँ आती हैं, इसलिए उनकी आराधना की जाती थी। नागपूजा की पद्धति थी। भय के कारण से मनुष्य वृक्ष, पत्थर, घड़े-लोटों तक की पूजा करता था। बसवेश्वर के एक वचन में इसी आशय की अभिव्यक्ति हुई है—

*घड़ा, सूप, सड़क का पत्थर,*
*कंघी, धनुष की डोरी दैव हैं,*
*माप, लुटिया ये दैव हैं!*
*इन देवों से धरती पर पैर रखने लिए भी स्थान नहीं,*
*कूडलसंगमदेव ही एक देव हैं।*

**—बसवण्णा**

चन्नबसवण्णा के एक वचन में यह स्पष्ट है कि किस तरह शैव, पाशुपत, कालामुख संन्यासी और व्रतधारी आदि पथ-भ्रष्ट हो गए थे। इसके पथभ्रष्ट होने के कारण सामान्य लोग भी अत्यन्त हीन अन्धश्रद्धाओं के पीछे दौड़ रहे थे—

*शैव दंग रह गया, पाशुपति पथ भ्रष्ट हुआ,*
*कालामुखी की दुर्गति हुई, महाव्रतधारी घमंडी बना,*
*संन्यासी पाखंडी बना, काली मतिभ्रष्ट हुआ,*
*सुनिए! ये छह भक्ति के लिए अयोग्य हैं।*

**—चन्नबसवण्णा**

हजारों दैव और उपदैव, अन्धश्रद्धाएँ, जड़ कर्मकांड, और धार्मिक परम्पराओं की अर्थहीनता के कारण बिखरे हुए मनुष्यों में शिवशरणों ने एक दैवोपासना के उपदेश और आचरण से एकता लाने का प्रयास किया। बसवण्णा ने कहा कि भगवान एक है, नाम अनेक हैं इसे लोगों ने पसन्द किया और इस विचारधारा के मंच से सब एक हो गए।

*भगवान एक, नाम अनेक*
*परमपतिव्रता को एक ही पति,*
*अन्य के पीछे भागने से कान-नाक काटेंगे।*
*कई दैवों की जूठन खाने वालों से क्या कहें?*
*हे कूडलसंगमदेव!*

**—बसवण्णा**

अनेक देवताओं के पीछे भागना तो दूर जल देखते ही डुबकियाँ लगाते हैं, वृक्ष देखते ही परिक्रमा करते हैं, ये तो सूखनेवाले देवता हैं, आप मनुष्य से क्या प्रेम करेंगे—

*जल देखते ही डुबकी लगाते हैं*
*वृक्ष देखते ही परिक्रमा करते हैं,*
*सूखते जल और सूखते वृक्ष को*
*अपनाने वाले कैसे आपको जानेंगे*
*कूडलसंगमदेव।*

**—बसवण्णा**

लोग मनुष्य के बदले पत्थर और वृक्षों के पीछे ही पड़े हुए हैं। उन्हें चेतनमय मनुष्य जंगम से भी जड़ पत्थर ही श्रेष्ठ लग रहे हैं। ऐसे लोगों पर बसवण्णा व्यंग्य कसते हैं—

*पत्थर का साँप देखकर क्षीराभिषेक करते हैं,*
*सजीव साँप देखकर हत्या करने दौड़ते हैं,*
*जंगमों को भगा देते हैं,*
*नहीं खाते लिंग को अन्न दिखाते हैं... ।*

**—बसवण्णा**

यज्ञ-याग के नाम पर घी और लकड़ी जैसी उपयोगी चीजें जलानेवालों को देखकर शिवशरणों को बुरा लगता है यज्ञ करनेवाले जड कर्मकांडवादी ब्राह्मणों पर करारा व्यंग्य करते हैं—

*अग्नि देव का यज्ञ करता ब्राह्मण के घर में,*
*अग्नि और लकड़ी से जब घर जलने लगे तो*
*गन्दा पानी बाजार की धूल डालते*
*चिल्ला-चिल्लाकर सब को पुकारते हैं।*

**—बसवण्णा**

आध्यात्मिक साधना के नाम पर काम काज छोड़कर दिन भर माला फेरते बैठनेवालों को शरण अल्लमप्रभु कहते हैं कि जपमाला फेरते ज्योतिष आदि के चक्र में पड़कर समय व्यतीत न करते हुए अल्प समय के लिए ही सही ध्यानपूर्वक नाम स्मरण करना पर्याप्त है।

*जपमाला फेरकर समय व्यतीत न करो,*
*ज्योतिष की आराधना में समय व्यतीत न करो,*
*एक क्षण ही सही प्रामाणिकता से स्मरण करो बस।*

**—अल्लमप्रभु**

दैववादी और तिथि-मुहूर्त देखकर काम करनेवाले आलसी होते हैं। चन्नबसवण्णा ऐसों को देखकर कहते हैं कि तिथि-मुहूर्त के नाम से लोककर्म करके आप सद्भक्तों से दूर हट जाएँगे।

*तिथि, सुमुहूर्त के नाम से*
*लोक कर्म करने से आप अपने सद्भक्तों से दूर हो जाएँगे।*
*कूडल चन्नसंगमदेव।*

**—चन्नबसवण्णा**

इस प्रकार उस युग में अन्धश्रद्धा और बाह्याडम्बर के पीछे भागने वालों को प्रवृत्ति पर वचनों में व्यंग्य मिलता है। अपने वचनों के द्वारा शिवशरणों ने भटके हुए लोगों को सही मार्ग पर लाने का प्रयास किया है। वचन इनके लिए साधन मात्र था। लोगों से अन्धविश्वास और अन्धानुकरण रूपी राक्षस को दूर करने के लिए इन्होंने वचन के ब्रह्मास्त्र का प्रयोग किया।

## पुरोहितवाद का विरोध

यह पहले ही देखा जा चुका है कि किस प्रकार धर्म के नाम पर भोले-भाले और अनपढ़ लोगों का शोषण पुरोहित लोग मठ-मन्दिरों में करते थे। भक्त और भगवान के बीच में स्थापित इन पुरोहित शाही पद्धति का समूल नाश शिवशरणों का उद्देश्य था। उन्होंने कहा कि साधना के मार्ग में स्वानुभूति एवं स्वपरिश्रम की आवश्यकता होती है। आज भी हम देखते हैं कि मन्दिरों में जाकर पुजारी के हाथ में पैसा धरकर कहा जाता है कि मेरे नाम से पूजा करो, मेरे नाम से आरती करो। इस अनिष्ट पद्धति का शिवशरणों ने अत्यन्त ही मार्मिक ढंग से विरोध किया है और व्यंग्य किया है। उनका कहना है कि भूख लगने पर दूसरों के खाने से हमारी भूख मिटती नहीं है, रतिसुख दूसरों से कराया नहीं जा सकता है, इस सम्बन्ध में बसवेश्वर का एक वचन महत्त्वपूर्ण है—

*भूख लगी है मुझे, भोजन करो तुम,*
*रति सुख चाहूँ मैं, सती सम्भोग करो तुम,*
*ऐसा भी कोई कह सकता है?*
*जो कुछ भी करना है मन लगाकर करना है।*
*जो कुछ भी करना हैं तन लगाकर करना है।*
*मन लगाए बिना तन का व्यापार*
*कूडलसंगमदेव कभी पसन्द नहीं करेंगे।*

**—बसवण्णा**

पुरोहितशाही पद्धति के प्रति शिवशरणों के मन में बड़ा क्रोध था। कई प्रकार के शोषणों का यही कारण है। सामान्य लोगों को इस प्रकार के शोषणों से मुक्त कराने के लिए शिवशरणों ने मठ-मन्दिर, तीर्थाटन, स्थावरलिंग की पूजा को नकार दिया। भक्तों को उनके शरीर पर ही इष्टलिंग देकर बसव ने कहा कि तुम्हारा शरीर ही एक पवित्र मन्दिर है। इष्टलिंग जो तुम्हारे शरीर पर हो, उसकी उपासना के लिए किसी पुजारी की आवश्यकता नहीं है। स्वानुभूति इस साधना का प्रमुख अस्त्र है। बसवेश्वर अपने एक वचन में कहते हैं कि धनवान मन्दिर बनाते होंगे, गरीब मैं क्या करूँ? मेरा शरीर ही हे कूडलसंगमदेव तुम्हारा मन्दिर है! मेरा मस्तक इसका कलश, मेरे पैर इसके खम्भ हैं। इस प्रकार मन्दिरों को नकारते हैं—

*धनवान शिवमन्दिर बनाते हैं,*
*मैं गरीब, मैं मन्दिर बना सकता हूँ?*
*मेरे पैर ही खम्भे हैं, शरीर ही मन्दिर,*
*मस्तक ही कनकमुकुट है,*
*हे कूडलसंगमदेव,*
*जड़ नाशमय है, चेतन (जंगम) अविनाशी।*

**—बसवण्णा**

अब भक्त और भगवान का अत्यन्त आत्मीय सम्बन्ध 'लिंगपति शरण सती' जुड़ गया। इनके बीच में औरों का क्या काम? इससे धर्म के नाम से शोषण के कई द्वार बन्द हो गए।

## समाज की प्रगति में सहायक बातों का मंडन

### गुरु का महत्त्व

आध्यात्मिक साधना के मार्ग में और जीवन की सफलता के लिए कई प्रसंगों में ज्ञान, गुरु की आवश्यकता होती है। इसमें किसी के दो विचार नहीं। लेकिन गुरु कैसे हों यह महत्त्वपूर्ण बात है। गुरु के स्थान में रहकर ही अनुयायियों का शोषण हो रहा था। इसलिए शिवशरणों ने गुरु की महत्ता के बारे में विचार किया है। गुरु के स्थान का अवमूल्यन उनकी मूर्खता, अज्ञान और स्वार्थपरता के कारण से हुआ है। अन्धश्रद्धा से किसी भी व्यक्ति को गुरु के रूप में मानने के लिए शिवशरण तैयार नहीं। गुरु को ज्ञान और परिश्रम से स्वावलम्बी होना अनिवार्य मानते हैं। बसवण्णा अपने एक वचन में गुरु के महत्त्व का प्रतिपादन करते हैं—

*घड़ा बनाना है, तो पहले मिट्टी चाहिए,*
*गहना बनाना है, तो पहले सोना चाहिए,*

*शिवपथ जानना है, तो पहले गुरुपंथ चाहिए,*
*कूडलसंगमदेव को जानना है, तो*
*पहले शरणों का सत्संग चाहिए।*

**—बसवण्णा**

इनके गुरु के महत्त्व को स्वीकारने में अवैज्ञानिकता नहीं क्योंकि गुरु के लिए भी कायक और स्वावलम्बन अनिवार्य माना है। शरण नुलिय चन्दय्या कहते हैं कि गुरु का भी कायक से ही जीवन सफल हो सकता है। अज्ञानी गुरु भला शिष्य को कैसे मार्गदर्शन कर सकता है? कोई जन्ममात्र से गुरु नहीं बन सकता बल्कि गुण और ज्ञान से गुरुत्व को पाता है। अज्ञानी गुरु और ऐसे व्यक्ति को गुरु के रूप में स्वीकार करनेवाले शिष्य पर शरण अंबिगर चौडय्या व्यंग्य कसते कहते हैं कि अज्ञानी गुरु से अज्ञानी शिष्य के मार्गदर्शन की कल्पना करना ऐसा ही है जैसा नदी में बहते हुए को न तैर सकनेवाला बचाने जाए। यों यहाँ ज्ञान ही गुरु है, व्यक्ति नहीं।

हर एक शिवशरण ने दूसरे शिवशरण को गुरु के रूप में देखा है। अज्ञानी और मूढ़ समाज को मार्गदर्शन करने के लिए ज्ञानी, प्रतिभापूर्ण गुरु की आवश्यकता है ही। कोई काम सफल या असफल गुरु के मार्गदर्शन पर निर्भर करता है। समाज के प्रति सजग शरण यह भलीभाँति जानते थे।

## ग्रंथस्थ ज्ञान का तिरस्कार

बसवयुगीन शिक्षा मठ-मन्दिर और अग्रहारों में चलती थी, वह भी उच्च वर्ण और वर्ग वालों के लिए ही। दलितों को वहाँ प्रवेश नहीं था। संस्कृत में शिक्षा दी जाती थी। सामान्य लोग इस शिक्षा से वंचित थे। वेद आगम शास्त्र आदि का महत्त्व और कर्मकांड आचरण पंडितों की गोष्ठी तक ही था। इसीलिए जनविरोधी शिक्षा की वस्तु वेदागमशास्त्र ही का विरोध शिवशरणों ने किया। इन्होंने कहा कि वेदागमशास्त्र स्मृति आदि से भी स्वानुभूति श्रेष्ठ है। जिस साहित्य में स्वानुभव और लोकानुभव का महत्त्व होता है वह समाज के और उसके बहुसंख्यक सामान्य लोगों के निकट होता है। इसीलिए शिवशरणों का साहित्य लोकजीवन और लोकहित के लिए निकट है। मडिवाळ माचय्या अपने एक वचन में इसे स्पष्ट करते हैं। कहते हैं कि वेद-पुराण आदि किसी काम के नहीं—

*वेद ब्राह्मणों का उपदेश है, शास्त्र बजार की बात,*
*पुराण दुष्टों की गोष्ठी है, आगम जड़वाणी है,*

*तर्क व्याकरण कवित्व की प्रौढ़िमा है इसलिए*
*स्वानुभूति से श्रेष्ठ कुछ भी नहीं है, हे कलिदेवरदेव!*

**—मडिवाळ माचय्या**

स्वानुभूति को श्रेष्ठ स्वीकार करनेवाला काव्य सदैव ही श्रेष्ठ होता है और उसमें युगीन सामाजिक जीवन की सजीव धारा बहती है। ऐसी ही सामाजिक जीवन धारा से इनका काव्य श्रेष्ठ बना है। स्वानुभूति को महत्त्व देने में ही इतने महान वचन साहित्य की रचना, शरण समूह से महासामान्य लोगों के लिए लिखा जा सका है। मात्र ग्रंथस्थ ज्ञान किसी समाज को महानता की ओर नहीं ले जा सकता। स्वानुभूति ही मनुष्य को और समाज को स्वस्थ बना सकती है। इसीलिए शरण ने ग्रंथस्थ ज्ञान का तिरस्कार किया है, स्वानुभूति को वचन में महत्त्व दिया है। उनके वचनों में इसकी अभिव्यक्ति हुई है कि परम्परा से सत्य श्रेष्ठ है और ग्रंथज्ञान से अनुभव श्रेष्ठ है।

## भाषा, काव्य-रूप

वैदिक साहित्य की भाषा संस्कृत थी जो प्राय: कभी भी जनभाषा नहीं रही होगी। वह तो देवभाषा (!) मानी जाती थी। 'किसी देश और समाज की संस्कृति के निर्माण में उस देश के कुशलकर्मी का ही हाथ होता है।' इनको ही जब उस युगीन साहित्य से दूर रखा गया तो उस साहित्य की वस्तु और उसकी भाषा दोनों का विरोध वृत्तिजीवियों को अनिवार्य हुआ—अर्थात् शरणों ने इसका विरोध किया। वचनपूर्व युगीन संस्कृत प्रधान साहित्य का बहुत बड़ा भाग, सामान्य जनता की पहुँच के बाहर था। किसी युग की श्रेष्ठ मानी जानेवाली कृति की रचना उस युगीन जनसम्पर्क की भाषा में ही लिखी जाती है। इसीलिए शिवशरण कवियों ने अपने काव्य की रचना के लिए जनसम्पर्क को जनभाषा कन्नड़ का ही प्रयोग किया है। काव्य उनके लिए सामान्य लोगों के साथ सम्पर्क स्थापित करने का माध्यम था प्रतिभा प्रदर्शन का माध्यम नहीं। कन्नड़ भाषा के प्रयोग के कारण सभी शरण और शरणियों का वचन अत्यन्त ही जनवादी और सामाजिक साहित्य के रूप में पाठकों के सामने आता है। कन्नड़ भाषा में लिखित शरण साहित्य ने लोगों के द्वार खटखटाए और उनके हृदयों को प्रभावित किया।

## वचन

बारहवीं शती में शिवशरणों से लिखित साहित्य के एक प्रकार को 'वचन' कहा गया है। इन्हें किसी ने गद्य, किसी ने पद्य और किसी ने 'गद्यात्मक पद्य' एवं 'पद्यात्मक गद्य' कहा है। इस प्रकार वचन को लेकर आलोचकों में भिन्नमत दिखाई पड़ता है।

वचन का शाब्दिक अर्थ बात, कहना, वाणी होता है। हिन्दी के संत कवियों की 'बानी', 'वाणी' के कन्नड़ का समानार्थक शब्द है। 'वचन'! शरण और शरणियाँ विशेष रूप से 'वचनकार-वचनकार्त्री कहलाते हैं। बसवेश्वर ने अपने एक वचन में वचन शब्द का प्रयोग भी 'वाणी' और 'मेरा साहित्य' के रूप में किया है—

*वचन में आपका नामामृत है।*
*नयनों में आपकी मूर्ति है।*

**—बसवण्णा**

शरण पहले समाज सुधारक थे, बाद में कवि। काव्य रचना उनका साध्य नहीं साधन मात्र था। धार्मिक और सामाजिक परिवर्तन उनका उद्देश्य था। अपने इन विचारों को लोगों तक ले जाने के लिए उन्हें एक सशक्त और सरल साहित्यिक माध्यम की आवश्यकता थी। डॉ. एच. तिप्पेरुद्रस्वामी जी ने कन्नड़ में 'वचन प्रकार' के जन्म के बारे में उल्लेख किया है—"एक तरफ देवरदासिमय्या जैसे शरण जन जाग्रति की सामाजिक शक्ति का लोकाचरण के लिए प्रयास कर रहे थे। इसके साधन के रूप में साहित्य को उन्होंने चुना। यह कन्नड़ साहित्य में एक 'नये प्रकार' (वचन) के जन्म का कारण बन गया।'

कन्नड़ के कई श्रेष्ठ आलोचकों ने वचनों को 'काव्य' के रूप में स्वीकार किया है। डॉ. आर.सी. हिरेमठ जी ने कहा है कि 'ये वचन काव्य में काव्य, तत्त्व में तत्त्व के रूप में 'वचन भंडार की अनुपम देन हैं।' यदि तीव्रतर भाव संवेदनाओं की सशक्त अभिव्यक्ति काव्य कहलाती है तो शरणों के वचन साहित्य को ऐसा ही सशक्त काव्य कहा जा सकता है। वचन साहित्य यह शब्द विशाल अर्थ को अपने में समेटकर वह 'गद्य', 'पद्य', 'गीत', 'गान' और 'वचन' का समानार्थी शब्द है।

काव्य की शैली से भी बढ़कर उसकी वस्तु और भाव को महत्त्व देनेवाला आधुनिक युगीन काव्य-संसार तो भलीभाँति वचन को काव्य के रूप में स्वीकार करेगा।

## व्यक्ति परिष्कार में समाज का परिष्कार

समष्टि के परिष्कार के लिए व्यष्टि परिष्कार की सराहना की गई है। व्यक्ति यदि चरित्रवान हो तो समाज भी चरित्रवान बनेगा, क्योंकि समाज व्यक्तियों का समूह है। इसलिए शिवशरणों ने व्यक्तिगत सदाचार पर अधिक बल दिया। उनके अनुसार सद्विचार सदाचार का अनुगामी होना चाहिए। विनय, सत्य-कथन, दया, सत्संग आदि से युक्त होकर ही यह जीवन दिव्य हो सकता है।

## कथनी-करनी की एकता

कहना-करना शिवशरणों के लिए भिन्न-भिन्न नहीं था। ऐसे लोगों से जो कहते एक हैं और करते एक हैं समाज का अहित होता है। उस समाज में ऐसे लोग थे। उन पर कोई विश्वास नहीं करते जिससे समाज कार्य कठिन हो जाता है। बसवण्णा ने कहा है कि कहना एक आचरण एक होने से हाथ का इष्टलिंग भी घटसर्प बन जाता है—

*बातों में सचेत और आचरण में चूकने से,*
*हाथ का लिंग भी विषैला साँप बनेगा।*

**—बसवण्णा**

और कहते हैं कि कथनी-करनी एक नहीं होने से कूडलसंगमदेव प्रसन्न नहीं होते। कहना सरल है करना कठिन। लेकिन कथनी-करनी एक होने से ही व्यक्ति के व्यक्तित्व की श्रेष्ठता बढ़ती है। जब व्यक्ति श्रेष्ठ होते हैं तो उनका समाज भी श्रेष्ठ होता है। इसीलिए शरणों ने कथनी और करनी की एकता पर बल दिया है। बड़ी-बड़ी बातें तो अत्यन्त ही जागरूक होकर करते हैं पर आचरण में जागरूक नहीं होते। यदि कथनी और करनी एक न हो, सामाजिक जीवन विषमय बनता है। जागरूक शिवशरण इसे भलीभाँति जानते थे कि कथनी मीठी और विनयशील भी हो।

## सदाचार-सत्यवाणी-अन्तरंग-बहिरंग शुद्धि

व्यक्ति समाज का एक अंग है। प्रामाणिक, सदाचार, सद्विचारों से युक्त लोगों से समाज प्रामाणिक बन जाता है। शिवशरण ने व्यक्ति और समष्टि के लिए आन्तरिक और बाह्य शुद्धि पर जोर दिया है। शिवशरणों ने आन्तरिक और बाह्य शुद्ध व्यक्ति और समाज के लिए अनिवार्य माना है। बाह्य शुद्धि आन्तरिक शुद्धि का परिणाम है जो हमारे आचरण में प्रकट होता रहता है। आचरण में व्यक्त होकर ही धर्म प्रकट होता है। इसीलिए शिवशरणों ने अपने को सत्कर्मों में लीन रखा। लोक और परलोक का अपूर्व समन्वय उनके आचरण में प्रतिपादित हुआ है।

अन्तरंग और बहिरंग शुद्धता की आवश्यकता से सम्बन्धित शिवशरणों के कई वचन मिलते हैं। बसवेश्वर के निम्नलिखित वचन को हम आचार संहिता कह सकते हैं—

*चोरी न भली, हत्या न भली, मिथ्या न भली,*
*रोष भला नहीं, तिरस्कार भला नहीं,*
*आत्मस्तुति न भली, परनिन्दा न भली*

*यही अन्तरंग शुद्धि यही बहिरंग शुद्धि है,*
*यही कूडलसंगमदेव को अपनाने का मार्ग है।*

**—बसवण्णा**

शिवशरण हाविनहाळ कल्लया अपने एक वचन में कहते हैं कि मनुष्य का जीवन शान्ति और संतृप्ति से युक्त हो। इससे व्यक्तिगत, सामाजिक जीवन सुख-शान्तिमय हो जाता है।

अन्तरंग और बहिरंग शुद्धिहीनों के प्रति शरणी लिंगम्मा अत्यन्त करारा व्यंग्य करती हैं। कहती हैं—

*अन्तरंग-बहिरंग-शुद्धिहीनों की वाणी*
*बाजारी वेश्याओं के समान है,*
*अपने शिवशरणों में अन्तरंग-बहिरंग भिन्न-भिन्न नहीं है।*

**—लिंगम्मा**

लोगों में स्वर्ग-नरक देव-लोक, मर्त्यलोक के सम्बन्ध में अत्यन्त ही मूढ़ कल्पनाएँ थीं। परिणामस्वरूप समाज पथभ्रष्ट हुआ करता है। शिवशरणों को स्वर्ग, देवलोक, नरक आदि महत्त्वपूर्ण नहीं है, उनके लिए तो यह समाज, यह धरती महत्त्वपूर्ण है।

*'देवलोक' और 'मर्त्यलोक' अलग कहाँ?*
*'सत्यवचन' बोलना ही देवलोक है,*
*'मिथ्यवचन' बोलना ही मर्त्यलोक है,*
*'सदाचार' ही स्वर्ग है, 'दुराचार' ही 'नरक'*
*कूडलसंगमदेव आप ही साक्षी हैं।*

**—बसवण्णा**

शिवशरणी मुक्तायक्का अपने एक वचन में बुरी वाणी और दुराचार का विरोध करती हैं—

*बुरी वाणी नहीं कहनी चाहिए,*
*दुराचारी नहीं होना चाहिए।*

**—मुक्तायक्का**

कई लोग शील (Character) पर तो बड़ी-बड़ी बातें करते हैं। बात-बात पर आदर्शों पर उतर आते हैं। यह नहीं जानते कि शील क्या है। स्वयं उनका आचरण

तो शीलवान नहीं होता दूसरों को अपमानित करने के लिए ही ऐसे शब्दों का प्रयोग किया करते हैं। ऐसे लोगों की खबर लेते हुए चन्नबसवण्णा शील, सदाचार और सद्विचारों पर प्रकाश डालते हैं—

*बड़े घमंड से 'शील-शील' बका करते हो?*
*क्या तुम जानते हो कि शील किसे कहते हैं?*
*जो 'है' उसे नहीं छिपाना ही शील है,*
*जो 'नहीं है' उसे उधार न लाना ही शील है,*
*परस्त्री परधन का स्पर्श नहीं करना ही शील है।*
*गुरुनिन्दा, हरनिन्दा, जंगमनिन्दा नहीं सुन सकना ही शील है।*
*कूडलचन्नसंग के शरणों के आगमन पर अपना सब कुछ अर्पण करना ही शील है।*

**—चन्नबसवण्णा**

## सत्संग

सत्संग प्रत्येक समाज में सराहनीय रहा है। सत्संग से ज्ञान की वृद्धि होती है। मनुष्य आत्म-परीक्षण करने लगता है। सत्संग तो सत्कार्यों की प्रेरणा का स्रोत है। इससे व्यक्ति के व्यक्तित्व में निखार आ जाता है। वह समाजोपयोगी विचार करने लगता है।

शरण साहित्यकालीन समाज में अत्याचारी, आडम्बरी, ढोंगी, लोगों का अभाव नहीं था। सामान्य लोग भ्रम में थे कि भले कौन? बुरे कौन? अपने कौन? पराए कौन? ऐसे समय में ही बसवादि शिवशरणों का आगमन हुआ और सत्संग का महत्त्व पहचाना जाने लगा। इन्हीं शरणों के सत्संग से लाभान्वित होने के लिए देश के कोने-कोने से शरण चले आए जैसे काश्मीर से अधिकार त्यागकर राजा महादेव और पत्नी महादेवी, घर-बार त्यागकर युवती अक्कमहादेवी उडतडी से।

सत्संग के महत्त्व को स्पष्ट करते हुए अक्कमहादेवी ने निम्नलिखित वचन में प्रकट किया है—

*अज्ञानियों का संग करना,*
*पत्थर घिसकर अग्नि पाने के समान।*
*ज्ञानियों का संग करना,*
*दही के मंथन से माखन पाने के समान।*

बसवेश्वर अपने वचन में सत्संग में रहने, कुसंग त्यागने को कहते हैं। कहते हैं कि दुर्जनों का संग विषैला साँप के समान होता है—

*सज्जनों का सत्संग कीजिए,*
*दुर्जनों से दूर रहिए।*
*साँप कोई भी हो, विष-विष ही है।*
*इनके संग में मत रहिए।*
*अन्तरंग शुद्धिहीनों का संग,*
*कालकूट विष है, कूडलसंगमदेव।*

**—बसवण्णा**

दुर्जन तो समाज में विषमतारूपी विष हमेशा फैलाते ही हैं। इतिहास इस बात का साक्षी है। ऐसों से सावधान रहने के लिए शिवशरणों ने चेतावनी दी है।

## विनय-सद्भाव

विनय व्यक्ति का सम्बन्ध समाज के अन्य व्यक्तियों से घनिष्ठ करने में सहायक है। वह तो मनुष्य का आभूषण है। विनयी के हृदय में सद्भाव होता है। समाज के कार्यकर्ताओं के लिए और भी सहायक है जिससे उन्हें संगठन कार्य, समाज सेवा करना सरल हो जाता है।

सभी शिवशरणों में अपने आदर्श और विचारधारा के प्रति सात्त्विक निष्ठुरता होते हुए भी अपार विनय था। बसवेश्वर जो इस साहित्यिक, सामाजिक और धार्मिक क्रान्ति के नायक माने जाते हैं, वे विनय के साकार मूर्ति थे। बसवेश्वर अपने आपको सबसे छोटे शिवभक्तों को सबसे महान समझते हैं—

*मुझसे कोई छोटा नहीं, शिवभक्त से कोई बड़ा नहीं,*
*आपके चरणों की सौगन्ध, मेरे मन की सौगन्ध,*
*कूडलसंगमदेव! यही मेरे लिए श्रेष्ठ है।*

**—बसवण्णा**

विनय, सद्भाव और सच्चरित्र शिवशरण और शिवशरणियों को समाज के उन घमंडी धनवानों के प्रति चिढ़ है जो समाज की समस्याओं के प्रति, दलितों और उपेक्षितों के प्रति सहानुभूति नहीं रखते। समाज के कार्य के लिए एक पैसा व्यय नहीं करते। प्रत्येक विचार और कार्य को स्वार्थ की दृष्टि से ही देखते हैं। बड़ा अहं है

इनको अपनी धनप्राप्ति के प्रति। ऐसे लोगों से समाज स्वार्थी बन जाता है, अन्त में उसका नाश हो जाता है।

बसवण्णा व्यंग्य करते हैं कि इनको धन के साँप ने काटा है। गरीबी रूपी गरुड़ के आगमन से इनका विष उतर जाएगा और बोलने लगेंगे। नहीं तो ये लोग गरीबों से एक-दो सहानुभूतिपूर्ण बातें तक नहीं करते—

*जिसे साँप डसता है उससे बुलवा सकते हैं,*
*जिस पर भूत सवार होता है, उससे भी बुलवा सकते हैं,*
*जिसे धनपिशाच घेरा हुआ है, उससे कभी नहीं बुलवा सकते।*
*दरिद्रता रूपी मांत्रिक के प्रवेश से वे बोलने लगेंगे कूडलसंगमदेव।*

**—बसवण्णा**

इन धनवानों से शिवशरणों को कुछ लेना-देना नहीं है। वे समाज में एक-दूसरे के प्रति सहानुभूति, आत्मीयता और प्रेम चाहते हैं। बसवेश्वर कहते हैं कि दूसरों को कुछ देना तो दूर कम से कम उनसे सहानुभूतिपूर्ण दो बातें करने से आपका क्या जाता है। आइए, बैठिए कहने से जमीन धँस जाएगी? आपके स्वाभिमान में कुछ कम पड़ेगा? यह वचन उल्लेखनीय है—

*कैसे आए? कुशल तो है? कहने से*
*आपका रंग उड़ जाएगा?*
*बैठिए कहने से जमीन धँस जाएगी?*
*देखते ही बोले तो गला बैठ जाएगा?*
*कुछ न दे सके कोई हानि नहीं, पर नम्रता भी न हो तो*
*नाक नहीं काटेंगे क्या कूडलसंगमदेव?*

**—बसवण्णा**

शिवशरण और शरणियों का सामाजिक जीवन विशालता से युक्त था। उनके हृदय में सबके प्रति गौरव था। इसी से उनका काव्य आत्मीय बनता है, सबका बनता है और सबके निकट रहता है। वचन रचना और जीवन उनके लिए कभी भिन्न-भिन्न नहीं रहे। समाज के प्रत्येक व्यक्ति और प्रत्येक समस्या से इनका हृदय स्पंदनशील रहा है।

## दया

दया शिवशरणों और शरणियों की विशेषता है। ये मनुष्य ही नहीं बल्कि प्राणी के प्रति भी दया दर्शाते हैं। जब मनुष्य के हृदय में समाज के दीन-दलित-उपेक्षित के

प्रति दया है तो वह समाज के अहित के बारे में कभी सोच भी नहीं सकता। परहित ही उनका उद्‌देश्य होता है। कार्यों के मूल में जीवन के प्रति दया ही दिखाई देती है। दया वैरत्व को मिटा देती है और हृदय में अहिंसा की भावना जग जाती है। अहिंसावादी और दयालु व्यक्ति कभी समाज कंटक नहीं बनते बल्कि सामाजिक हित के रक्षक ही होते हैं।

शरण और शरणियों के हृदय में समाज से उपेक्षितों के प्रति असीम दया थी। बसवण्णा का एक वचन इसे स्पष्ट करता है—

*दया रहित धर्म कोई धर्म है?*
*सकल प्राणियों के प्रति दया चाहिए*
*दया ही धर्म का मूल है।*
*अन्यथा कूडलसंगमदेव नहीं अपनाएँगे!*

**—बसवण्णा**

शरण और शरणियों के वचनों में, उनके प्रत्येक कार्यों में समाज के हरेक व्यक्ति और प्राणियों के प्रति यही दया लक्षित होती है। दया अपने आप में श्रेष्ठ सामाजिक मूल्य है।

## राजनीति की अभिव्यक्ति

शरण साहित्यकालीन राजनीतिक परिस्थितियाँ स्थिर नहीं थीं। कलचूरि वंशीय राजा बिज्जळ कल्याण का शासन कर रहा था। 'कलचूरियों के अल्पकालीन शासनकाल में शान्त वातावरण और स्थिरता नहीं थी।' इस शासनकाल की महत्त्वपूर्ण घटना है बसवेश्वर के नेतृत्व में धार्मिक, सामाजिक और साहित्यिक क्रान्ति। राजा बिज्जळ के कारण से शिवशरणों को महत्त्व नहीं मिला बल्कि बसवेश्वर और शिवशरणों के कारण से बिज्जळ के शासन को महत्त्व मिला।

शिवशरणों ने धार्मिक, सामाजिक और साहित्यिक सुधारात्मक क्रान्ति की दिशा में काम किया। राजनीतिक व्यवस्था को उन्होंने हाथ नहीं लगाया। फिर भी बिज्जळ के इस प्रकार शासनारूढ़ होना, जिसके कारणों से कल्याण का जीवन अतृप्त और अशान्तमय बनने का चित्र बसवण्णा के एक वचन में मिलता है—

*अरे मनुष्य! राजा का रुख, सम्पत्ति का वैभव स्थिर नहीं।*
*कल्याण उजड़ गया, उजड़ गया कल्याण?*
*एक जंगम के स्वाभिमान से,*

*चालुक्यराय का शासन मिट गया।*
*आपके भिक्षा पात्र में समा गया वह राज्य कूडलसंगमदेव।*

**—बसवण्णा**

शिवशरणों का वचन साहित्य लोकहित के लिए था। समाज सुधार के लिए था। जिन सामाजिक मूल्यों का चित्रण उन्होंने वचनों में किया उनका आचरण स्वयं अपने जीवन में किया। वे जाति पद्धति के विरोधी थे और ये मूल्य उनके काव्य में प्रतिपादित हुए हैं।

उन्होंने यथार्थ जीवन में अस्पृश्योद्धार के लिए और जाति पद्धति का समूल नाश करने के लिए अन्तर्जातीय विवाह रचाया।

समग्र कन्नड़ साहित्य के इतिहास में बारहवीं शती का वचन साहित्य एक अत्यन्त ही प्रमुख घटना है। एक ही समय में, सामूहिक सामाजिक हित के उद्‌देश्यों के लिए, एक ही मंच से इतनी अधिक संख्या में स्त्री और पुरुषों ने उस युगीन संवेदनाओं को अपने में समेटकर उस कालीन जनभाषा में साहित्य का निर्माण किया हो विश्व में ऐसे उदाहरण अन्यत्र नहीं मिलता।

शिवशरणों के सभी वचन साहित्य तो आज प्राप्त नहीं हैं। इतना स्पष्ट है कि उनके वचन साहित्य की अधिकता और विशालता किसी भी काव्य पाठक को आश्चर्य में डाल देती है। सिद्धराम का एक वचन वचन साहित्य की समृद्धता पर प्रकाश डालता है—

*अल्लय्या के वचन दो अस्सी करोड़,*
*अप्पय्या के वचन चार लाख छत्तीस हजार,*
*एम्मय्या के वचन को एक वचन, नीलम्मा के वचन एक लाख*
*ग्यारह हजार*
*गंगांबिके के वचन एक लाख आठ हजार,*
*एस्मक्क नागायि के वचन तीन लाख छियानबे हजार।*
*मडिवालण्णा के वचन तीन करोड़ तीन सौ,*
*हड़पदय्या के वचन ग्यारह हजार*
*मरुळसिद्ध के वचन इकसठ हजार*

**—सिद्धराम**

शिवशरणों के काव्य में सामाजिक चेतना की अभिव्यक्ति के विचार में दो बातें नहीं हैं। युगधर्म और काव्यधर्म उनके लिए भिन्न-भिन्न नहीं था। उनके लिए 'साहित्य-रचना' और 'सामाजिक चेतना' दो शब्द मात्र थे।

शिवशरणों ने जो समाज में देखा, अनुभव किया, उसी का काव्य में रूपान्तरण किया और सामान्य लोगों को हस्तान्तर किया। उनका आचरण और काव्य, सामाजिक मूल्य और काव्य, मानवतावाद और काव्य एक थे। इनकी इस साहित्यिक क्रान्ति के कारण उस युगीन साहित्य को विशाल और गहरी नींव मिली। सामाजिक परिवर्तन और सामान्य लोगों में वैचारिकता की आवश्यकताओं को अपने में समेटकर ही वचन साहित्य का प्रारम्भ और विकास हुआ था।

## शरण साहित्य की विशेषताएँ

शरण वचन की प्रमुख विशेषताएँ इस प्रकार हैं—

- युगीन जाति-पद्धति के फलस्वरूप निम्न जाति के लोगों का अपमान और उपेक्षा की हानि से शिवशरण भलीभाँति परिचित थे। प्राय: इस युग के अधिक शिवशरण निम्न जाति के थे—सर्वहारा वर्ग के थे। अस्पृश्यों और सब प्रकार से शोषितों का चित्रण और उनकी दयनीय स्थिति की अभिव्यक्ति वचन साहित्य में मिलती है, साथ ही उनमें समाज को इस बुराई से मुक्त कराने का तीव्र प्रयास भी है। इसके फलस्वरूप निम्न जाति के कई शरणों ने अपने व्यक्तित्व का विकास किया, उनमें स्वाभिमान और आत्मगौरव भर दिया गया। उन्होंने श्रेष्ठ वचनों की रचनाएँ कीं।
- बसवयुगीन समाज की जड़ता, आलसता, मठ-मन्दिरों और अग्रहारों के स्थानपतियों की लोलुपता को इन्होंने देखा। ऐसे लोगों से वृत्तिजीवियों का शोषण हो रहा था। इसकी बुराई का अनुभव किया। इसीलिए शारीरिक परिश्रम पर जोर दिया। परावलम्बन अपमूल्य माना गया और वृत्ति गौरव पर बहुत लिखा गया। 'कायक वे कैलास' की घोषणा की गई। फलस्वरूप इन वचनकार में कई वृत्ति के शरण मिलते हैं, जैसे—भंडारी, व्यापारी, नाविक, धोबी, माचण्या, मोची, चन्नय: लकड़ी बेचनेवाला मारय्या (काश्मीर राजा), रस्सी बनाने वाला चन्दय्या, बहुरुपिया चौडय्या, चावल बीननेवाला मारय्या और उसकी पत्नी आदि।
- तत्कालीन स्त्री की दुर्गति, पुरुष प्रधान समाज में नारी की समस्याओं से शरण परिचित थे और स्त्री शोषण की अभिव्यक्ति इनके वचनों में की गई है। स्त्री विमोचन के प्रयास में स्त्री-पुरुषों की समानता के मूल्य

की स्थापना की दिशा में शरणों ने आत्मीयता से प्रयास किया है। इसी कारण से कई शिवशरणियों ने श्रेष्ठ वचनों की रचनाएँ कीं और पुरुषों के साथ साहित्यिक, सामाजिक से धार्मिक चिन्तन में भाग लिया। स्त्री को मानो पहली बार अभिव्यक्ति का स्वातंत्र्य मिला। कई शिवशरणियों के नाम देख सकते हैं, जैसे—अक्कमहादेवी, गंगांबिके, नीलांबिके, अक्कनागम्मा, लक्कम्मा, सत्यक्का, लिंगम्मा, अम्मुगे रायम्मा, कालव्वे, संकव्वे, रेवम्मा, गुड्डव्वे, गोग्गव्वे, वीरम्मा, गंगम्मा, मसणम्मा, रेम्मव्वे, बोतादेवी आदि।

- इनके वचनों में अन्धश्रद्धाएँ, बाह्याडम्बर और पुरोहितवाद का विरोध मिलता है। आचरण में भी इन्होंने मन्दिर, स्थावरलिंग (मन्दिर स्थापित लिंग), तीर्थाटन आदि को नकार दिया है। शरीर पर इष्टलिंग धारण कर मन्दिरों को नकारा। पुरोहितों को हटा दिया गया।
- शूद्र तथा स्त्रियों के लिए विद्यार्जन निषेध का विरोध और जड़ कर्मकांड से युक्त वेदों और आगमों का विरोध इनका वचन करता है। स्वानुभव को इन्होंने महत्त्व दिया था जो इनके वचनों से स्पष्ट होता है। यह कोई भी मान सकते हैं कि स्वानुभव ही श्रेष्ठ ज्ञान है।
- साहित्य तो सम्प्रेषण (Communication) का माध्यम है। इससे तो व्यक्तियों के पारस्परिक सम्बन्ध घनिष्ठ होना चाहिए। वह तब ही सम्भव है जब सम्प्रेषण का माध्यम सरल हो और आत्मीय हो। संस्कृत भाषा सामान्य लोगों के लिए वह लोहे के चने के समान थी। इसलिए शिवशरण ने सरल और तत्कालीन सम्पर्क की जनभाषा का प्रयोग अपने वचनों के लिए किया। उन्हें साहित्य को जन-सुलभ बनाना था। इसलिए उनके लिए यह अनिवार्य हुआ।
- सदाचार सद्‌भाव, गुरु का महत्त्व, सत्यवाणी, समर्पणभाव, विनय, मधुरवाणी, दया इन सामाजिक श्रेष्ठ मूल्यों का प्रतिपादन इन्होंने अपने साहित्य में किया है। स्वयं अपने जीवन में इन मूल्यों का आचरण शिवशरणों ने किया है। शिवशरण कवि समाज के प्रति और उनकी समस्याओं के प्रति जागरूक थे। इनका काव्य समाज केन्द्रित था, मानव केन्द्रित था। 'बारहवीं शताब्दी में प्रारम्भ हुए वचन साहित्य आन्दोलन में अनेक साधकों ने अपने साहित्य सृजन में, सामाजिक अपेक्षाओं व दायित्व की अनिवार्यता को स्वीकार किया। परिणामस्वरूप समाज के धार्मिक व दार्शनिक आयाम प्रासंगिकता के अनुरूप साहित्य द्वारा परिवर्तित किए गए।

इस प्रकार शिवशरणों ने साहित्यकार के रूप में समाज के प्रति अपने उत्तरदायित्वों को भलीभाँति निभाया। वे समाज के सच्चे अर्थों में सजग प्रहरी थे।

बारहवीं शताब्दी में शिवशरणों के वचनों ने सामाजिक परिवर्तन लाने में महत्त्वपूर्ण पात्र निभाया था। इससे किसी भी साहित्यासक्त को इस निष्कर्ष पर पहुँचना बहुत ही सरल हो जाता है कि शिवशरणों और शिवशरणियों के लिए किस प्रकार 'साहित्य-चेतना' और 'सामाजिक चेतना' दोनों सुमन में सुगन्ध की तरह है।

# शरण और संत साहित्य में नारी

हिन्दी के संत कन्नड़ के शरण साहित्यकालीन समाज में नारी की स्थिति अत्यन्त शोचनीय थी। दोनों ही प्रदेशों में वह भोग की वस्तु भानी जाती थी। पुरुष प्रधान समाज में उसका सब प्रकार से शोषण होता था। बाल विवाह और 'सती प्रथा' प्रचलित थी। धार्मिक संस्कार और शिक्षा से वह वंचित थी। गुलामों की तरह वह बेची भी जाती थी। संत साहित्यकालीन स्त्री की स्थिति और भी दयनीय थी। शासक नरेश अति कामुक थे। सुन्दर युवतियों की इनसे रक्षा करना कठिन काम था। कहा जाता है कि एक मंत्री ने अपने रानिवास में विविध जातियों की दो हजार स्त्रियाँ रखी थीं। इससे पता चलता है कि स्त्री किस सीमा तक भोग वस्तु मानी जाती थी। ऐसा लगता है कि युगीन अशान्ति का स्त्री ही कारण थी। प्राय: इसीलिए संत कवियों ने उसे साधना के मार्ग में बाधक समझा था।

शिवशरणों ने स्त्री को पुरुषों के समान माना है तो संतों ने स्त्री को पापिन, साधक के मार्ग में बाधक कहने के साथ-साथ उसकी पतिव्रता के व्यक्तित्व को एवं माँ के रूप को महान बताया है।

शरणकालीन स्त्री के लिए शिवशरणों का साहित्य मुक्ति की वाणी सिद्ध हुई। शरण और शरणियों का युग तो स्त्री के लिए स्वर्णयुग रहा। उसे पुरुष के साथ व्यक्तित्व विकास के लिए सब प्रकार के अवसर दिए गए। धार्मिक साधना के मार्ग में उसे पुरुषों के साथ अग्रसर होने की सुविधाएँ प्राप्त हुईं। आध्यात्मिक एवं साहित्य रचना की दिशा में शरण युगीन नारी ने जिस स्वतंत्रता का परिचय दिया वह अन्यत्र दुर्लभ है। कन्नड़ साहित्य में रचना करनेवाली प्रथम स्त्रियाँ थीं ये शिवशरणियाँ। शिवशरणों और शरणियों के काव्य में अभिव्यक्त नारी समानता के विचारों का परिणाम यह हुआ कि नारी को युग-युगों के बन्धनों से मुक्ति तो मिली साथ ही साथ अधिक संख्या में शरणियों ने काव्य की रचना की। लगभग पैंतीस (35) शरणियों की काव्य रचना के उल्लेख मिलते हैं। अक्कमहादेवी, नीलांबिके, गंगांबिके, मुक्तायक्का, लक्कम्मा, सत्यक्का, अक्क-नागम्मा, गोग्गव्वे, काळव्वे, वीरम्मा, गुड्डव्वे, अक्कम्मा, रेवम्मा, अमुगेरायम्मा

जैसी वचनकार्त्रियों ने श्रेष्ठ वचन साहित्य की रचना की थी। सूळे (वेश्या) संकव्वे जैसी स्त्री ने भी काव्य रचा है। इनमें अक्कमहादेवी के वचन तो अत्यन्त श्रेष्ठ माने जाते हैं।

शरण साहित्य में नारी को पुरुष के साथ समान सिद्ध करने के कई वचन प्राप्त होते हैं। थन-चोटी से स्त्री कहलाएगी और मूँछ से पुरुष कहलाएगा। लेकिन इन दोनों में स्थित ज्ञान और आत्मा न पुरुष है न ही स्त्री } स्वयं शरणी गोग्गव्वे स्त्री-पुरुषों की असमानता पर प्रश्न करती है। कहती है कि उनका ज्ञान स्त्री है न पुरुष चाहे बाहरी वेशभूषा भिन्न-भिन्न हो एवं बाहरी रचना भिन्न-भिन्न—

*'थन-चोटी से स्त्री कहलाएगी।*
*मूँछ और काछ से पुरुष कहलाएगा।*
*इन दोनों में स्थित ज्ञान न स्त्री है, न पुरुष है। नास्तिनाथ?*

**—गोग्गव्वे**

सामान्यत: हिन्दू समाज में स्त्री-पुरुष की आज्ञा के अनुसार चलती थी। पुरुष की छाया में उसे रहना पड़ता था। उसका अपना कोई व्यक्तित्व ही नहीं था। लेकिन शिवशरणों ने नारी को स्वतंत्र व्यक्तित्व दे दिया था। धार्मिक साधना में स्त्री भी स्वतंत्र रूप से गुरु के मार्गदर्शन में साधना कर सकती थी। शरण एलेश्वर केतय्या का कहना है कि जिस प्रकार पति-पत्नी शरीर से भिन्न हैं ठीक उसी प्रकार धर्म साधना की दिशा में भी स्त्री-पुरुष भिन्न-भिन्न हैं। इससे स्त्री को स्वतंत्र व्यक्तित्व के विकास में पूर्ण रूप से मौका मिला है।

*'सती सुत पुरुषादि सब का पेट भिन्न-भिन्न होने से*
*व्रत भक्तिभाव भिन्न-भिन्न होने पर भिन्न-भिन्न गुरु चाहिए*
*यह सन्मार्ग है, व्रत की भक्ति-युक्ति है,*
*यह एलेश्वरलिंग की प्राप्ति का मार्ग है।'*

**—एलेश्वर केतय्या**

परस्त्री को तो इन शरणों ने साक्षात् महादेवी और इष्टदेवी के रूप में स्वीकार किया है। परनारी को बुरी नजर से देखने की सामाजिक दृष्टि ने ही कई प्रकार की दुर्गतियों को जन्म दिया है। इसे दूर करने के लिए ही परस्त्री को गौरव इन्होंने दिया है—

*परस्त्री को महादेवी कहूँगा हे कूडलसंगमदेव!*

**—बसवेश्वर**

स्त्री को गौरव की दृष्टि से देखने से भी बढ़कर श्रेष्ठ विचार यह है कि उसे पुरुष के समान समझें। शिवशरणों ने यही किया। उन्होंने स्त्री में स्वाभिमान भर दिया एवं वह आत्मबल की खान बन गई। शरणियों में इतना आत्मबल भर गया कि उन्होंने समय को चुनौती दी। अक्कमहादेवी में देख सकते हैं—

*कल जो आएगा आज ही आने दो,*
*आज जो आएगा, अभी आने दो।*

**—अक्कमहादेवी**

स्त्री विमोचन और उनके समग्र विकास के सुसन्दर्भ का निर्माण शिवशरण शरणियों की ज्वलंत समाजिक चेतना का उदाहरण है।

संतों के काव्य में स्त्री सम्बन्धी अभिव्यक्ति अच्छी दृष्टि से नहीं हुई है। उन्होंने नारी को काली, नागिणी, पापिन, सब बुराइयों का केन्द्र और काम की पिटारी कहा है। नारी की ऐसी निन्दा अन्यत्र कम ही देखने को मिलती है, कबीरदास जी कहते हैं कि नारी तो नरक का कुंड है बिरले ही इस नरक से बच सकते हैं—

*नारी कुंड नरक का, बिरला थंभै बाग।*
*कोई साधु जन ऊबरे, सब जग मूबा लाग॥*

**—कबीरदास**

नारी की ऐसी निन्दा प्राय: सब संत कवियों में देखने को मिलती है। संत दादू दयाल कनक और कामिनी का संग त्यागने की सलाह देते हैं। क्योंकि इसी के पीछे पड़कर सारा संसार नष्ट हुआ है—

*काल कनक अरु कामिनी परिहरि इनका संग*

**—दादू दयाल**

आश्चर्य होता है इन संतों की नारी निन्दा देखकर! नारी को देखने की संत और शिवशरणों के दृष्टिकोण में तो यह भेद अत्यन्त ही स्पष्ट और आश्चर्यपूर्ण प्रतीत होता है—

*थन-चोटी से स्त्री कहलाएगी,*
*मूँछ-दाड़ी से पुरुष कहलाएगा,*
*दोनों में स्थित आत्मा न पुरुष है न स्त्री है रामनाथ।*

**—जेडर दासिमय्या**

*कामणि काली नागिणी तीन्यू लोक मझारि।*
*राम सनेही ऊबरै, विषई खाये झारि॥*

**—कबीर**

लेकिन संत कवियों ने माँ, पतिव्रता स्त्री और मंगलमयी के रूप में नारी की भूरि-भूरि प्रशंसा की है। संत कवियों की नारी निन्दा के बारे में कहा जा सकता है कि युगीन समाज को नारी के सौन्दर्यमयी और कामविष्ठित रूप से वे विमुख करना चाहते थे। पहले ही कहा जा चुका है कि मुसलमानी नरेशों से शासित समाज में सुन्दर नारी को प्राप्त करने के लिए ईर्ष्या-द्वेष, भेदभाव, दंगा, रक्तपात जैसी घटनाएँ घट जाती थीं। नरेशों की कामवासना ने सुन्दर युवतियों को मुक्त विचरण करने नहीं दिया। फलस्वरूप भारतीय समाज में पर्दा प्रथा, बाल विवाह जैसी अनिष्ट पद्धतियाँ प्रचलित हो गईं।

इसलिए नारी को सौन्दर्य एवं कामवासना केन्द्र से विमुक्त करने के लिए संतों ने स्त्री के काम रूप की इतनी निन्दा की होगी! और माँ, पतिव्रता और उसके मंगलमयी रूप की प्रशंसा की होगी। नारी की निन्दा का तात्पर्य है उसके काम रूप की और यौन भावना की भर्त्सना।

नारी की निन्दा करनेवाले कबीर भी नररत्नों को जन्म देनेवाली माँ की निन्दा सहन नहीं करते।

मारवाड़वाले दरियासाहब 'नारी जननी जगत की, पाल-पोस दे पोष' कहते हैं। नारी में जननी भाव रखा जाए तो मानव-मन पवित्र हो जाता है और नारी के कामरूप की सब दुर्गतियों से मुक्ति मिलती है। नारी के माँ-रूप के प्रति रज्जब का ऐसा ही विचार है—

*माता तो मेरी सकल, जै जननी जगि आई।*
*जन रज्जब जननी सबै, कासूँ विषय कामई।*

**—रज्जब**

परनारीगमन और परनारी में कामासक्ति स्वस्थ समाज के लिए प्रशंसनीय नहीं है। परनारीगमन का संत और शिवशरण दोनों कवियों ने समान रूप से खंडन किया है।

कबीरदास जी कहते हैं परनारीगमन सद्गुण नहीं—

*परनारी कै राचणै, औगुण है गुण नाहिं।*
*खार समंद में मंछला, केता बहि बहि जाहिं।*

**—कबीर**

बसवेश्वर का कहना है कि साँप, भयंकर अग्नि और तलवार की धार से मुझे भय नहीं है पर परस्त्री और परधन रूपी राक्षस से डरता हूँ। परस्त्रीरत रावण की कैसी दुर्गति हुई—

*साँप, अग्नि-शिखा, कटार की तेज से भय नहीं।*
*एक का भय है, एक से संकोच है,*
*परस्त्री परधन रूपी राक्षसों से भय है।*
*परनारीरत रावण की क्या गति हुई?*
*डरता हूँ, हे कूडलसंगमदेव!*

शरण अंबिगर चौडय्या कहते हैं कि शिव भक्त कहलाने पर पर-सती, पर-धन, पर-निन्दा को त्याग देना चाहिए—

*शिवभक्त होने पर परस्त्री, परनिन्दा, परधन त्याग दो*

**—अंबिगर चौडय्या**

परनारीगमन की निन्दा, मंगलमयी माँ, पतिव्रता की प्रशंसा को देखकर यह कहना पड़ता है कि संत कवियों की नारी निन्दा उसके कामासक्त यौन भाव की ही निन्दा है न कि समग्रता से नारी की उपेक्षा।

उभय भाषी संतों ने नारी को काव्य की वस्तु बनाकर अपने-अपने विचारों को वाणी दी है।

उभय कवियों ने यह स्वीकार किया है कि परनारीगमन स्वस्थ समाज के लिए हानिकारक है। इसीलिए इस प्रवृत्ति का खंडन दोनों ने समान रूप से किया है। दोनों ने नारी के माँ रूप एवं पतिव्रता मंगलमयी देवी के रूप की प्रशंसा की है।

फिर भी यह स्पष्ट रूप से कहना पड़ता है कि नारी को देखने की इनकी भिन्न-भिन्न दृष्टियाँ थीं। शिवशरणों ने नारी को पुरुष के बराबर कहा जो इनकी प्रगतिशील दृष्टि का सूचक है। संतों ने सदियों से चली आई नारी के पारम्परिक रूप का ही प्रतिपादन किया। इन्होंने उसे माया, कलंकिनी, साधना के मार्ग में बाधक कहा। लेकिन नारी में माँ और पतिव्रता देखते समय ये संत उदार बनते हैं। इसलिए इनकी नारी निन्दा उसके कामरूप, सौन्दर्यगत महत्त्व की ही निन्दा है। इनकी नारी निन्दा के कारणों की पृष्ठभूमि को देखने से लगता है कि इसमें भी समाज हित और नारी हित के ही अंश दिखाई देते हैं।

कार्ल मार्क्स ने कहा है कि मनुष्य ज्ञान उसकी जीवन-रीति पर प्रभाव नहीं डालता बल्कि उसकी जीवन रीति ही उसके ज्ञान को प्रवाहित करता है। तात्पर्य यह कि युगीन परिस्थितियों ने संतों को नारी के प्रति ऐसा सोचने के लिए बाध्य किया

होगा। तत्कालीन नरेशों से शासित समाज में नारी कई बुराइयों का केन्द्र थी। संतों ने देखा कि नरेश सुन्दरी की प्राप्ति के लिए दिन-दहाड़े में ही सामाजिक हानि कर बैठते थे। इसीलिए लोगों के मन में नारी के कामासक्त रूप और यौन भाव के प्रति तिरस्कार भाव था। इस तरह स्त्री की भी रक्षा इन संतों ने की थी। इस रूप में संतों ने अपना सामाजिक कर्तव्य निभाया था। यों तो ये संत भी गृहस्थ थे और सहजोबाई, दयाबाई जैसी स्त्रियों को इन्होंने दीक्षा दी थी। नारी के प्रति गौरव भाव भी इन्होंने जगाया है।

सार रूप में हम कह सकते हैं कि संतों की अपेक्षा शरणों का नारी के प्रति दृष्टिकोण अधिक स्वस्थ और प्रगतिशील है। फलस्वरूप अनेक शिवशरणियों ने तत्कालीन सामाजिक और धार्मिक आन्दोलन में हिस्सा लेकर यह प्रमाणित किया कि वे किसी भी दृष्टि से पुरुषों से कम नहीं।

# शिवशरणों के काव्य में दलित चेतना

समकालीन संघर्षों का चित्रण जो लेखक या कवि अपने साहित्य में करता है वह छोटा या बड़ा लेखक नहीं होता। वह तो जीवन को गहराई से प्रेम करनेवाला जीवनप्रेमी होता है। इसलिए ऐसे कवि का काव्य भी जीवनप्रेमी होता है। वह कभी जीवनविरोधी या जीवविरोधी नहीं हो सकता। मानवप्रेमी कवि  के काव्य में आवाजहीनों की आवाज सुनाई पड़ती है।

इनका काव्य जनसमूह से पाठ पढ़ता है और पाठ पढ़ाकर मार्गदर्शन भी करता है। सच्चे अर्थों में काव्य की सार्थकता इसी में है। इनकी भाषा लोगों की भाषा होती है जो लोगों की भावनाओं को ध्वनि देती है।

इसकी पृष्ठभूमि में ध्वनिरहितों की ध्वनि के रूप में शरण साहित्य को देखा जा सकता है। कन्नड़ साहित्य में शिवशरणों का वचन साहित्य एक विशेष और प्रमुख घटना है। बारहवीं सदी का शरण साहित्य कई विशेषताओं के कारणों से भारतीय साहित्य में महत्त्वपूर्ण साहित्य के अधिकारी है। इनके काव्य को अत्यन्त ही प्रमुख देन है उनमें परिलक्षित सामाजिक चेतना। युगीन सामाजिक चेतना की धुरी पर इनका काव्य टिका हुआ है। युग की आवाज इनके काव्य की आवाज है।

इसलिए शिवशरणों के काव्य में दलित चेतना को आँकना और मूल्यांकन करना इस लेख का प्रयास है।

शरणसाहित्यकालीन समाज वर्णपद्धति के अनिष्ट कारणों से जाति-उपजातियों में बँट गया था। युगीन दलित, जो अस्पृश्य थे दयनीय स्थितियों से जूझ रहे थे। वे सब की सेवा करके भी सब दलितों की ऐसी स्थितियों से और अपमानजनक असमानताओं से सब प्रकार की सुविधाओं से वंचित थे। अन्त्यज अत्यन्त ही अपमानित थे और गाँव के बाहर रहते थे। उच्चवर्ग और वर्णवाले इनके साथ रोटी-बेटी के सम्बन्ध रखना तो दूर, इनकी छाया तक से बचते थे। कहा जाता है कि गाँव में आते समय अस्पृश्यों को चिल्लाते हुए आना पड़ना था जिससे उच्चवर्ग और वर्ण के लोग इनकी छाया से बचने के लिए घर के द्वार बन्द कर लेते।

वैदिक धर्माचरणों के कर्मकांड से समाज की दुर्गति हो गई थी और वह समाज धार्मिक भेदभाव, जातिमत संघर्ष, शूद्र और अस्पृश्यों के अपमान से कलंकित था। प्राणीमात्र के समान दलितों का जीवन था। दलितों की ऐसी स्थिति किसी भी देश और समाज के लिए अपमान की बात है और अस्पृश्याचरण एक घोर सामाजिक अपराध है।

अध्यात्म के क्षेत्र में भी व्यक्तित्व विकास से वह दलित वंचित था। इन्होंने स्त्री को भी शूद्र कहा था और मनु ने तो 'न स्त्री स्वतंत्र अर्हति'—कहकर स्त्री को व्यक्तित्व विकास से वंचित रखा। नारी भी दलित ही थी।

कहा जाता है कि संस्कृत श्लोक सुनने मात्र से दलित के कानों में जलता हुआ तेल डालते थे। शिक्षा की सुविधा से वह पूर्णरूप से वंचित था। शंभुक और एकलव्य तो जाति के नाम से शोषितों के प्रतीक मात्र हैं।

ये दलित कौन हैं? हमारे देश की सामाजिक रचना की अपनी ही एक विशेषता है वे यहाँ निम्न जाति अनिवार्यत: निम्नवर्ग ही है। इसलिए यहाँ जो सामाजिक, आर्थिक, सांस्कृतिक और शैक्षिक जैसे सब दृष्टियों से शोषित है, वह दलित है।

व्यक्ति विकास की सब सुविधाओं से वंचित और सब प्रकार से अपमानित वह वर्ग सर्वहारा वर्ग है एवं वही अस्पृश्य है। शब्दकोश में 'दलित' का अर्थ करता है 'कुचला गया', 'पीड़ित' और 'अस्पृश्य।'

शिवशरणों के शीर्षस्थ बसवण्णा जी दलितों की इस अपमानजनक स्थितियों से भलिभाँति परिचित थे। बसवादि शिवशरण दलितों की ऐसी स्थितियों से और अपमानजनक असमानताओं से सिहर उठे और उनका उद्धार उनके काव्योद्देश्यों में प्रमुख उद्देश्य बना।

भारतीय साहित्य की परम्परा में प्राय: पहली बार निम्न जाति और निम्नवर्ग के लोगों ने इतनी अधिक संख्या में भाग लिया और श्रेष्ठ काव्य की रचना को। इन्होंने अपने सहज और वास्तविक अनुभवों को ही वाणी दी एवं वही श्रेष्ठ दर्शन भी बना। सदियों से गूँगे दलित बोलने लगे और छाती तानकर ऊँची आवाज में बोलते लगे।

सभी प्रकार की वृत्तियों और जातियों के शिवशरणों ने काव्य की रचना की बसवेश्वर की प्रभावली में। ये हरिजन, मोची, धोबी, केवट, हज्जाम और लकड़ी बेचनेवाले, रस्सी बनानेवाले, संगीतज्ञ, किसान, नट, चावल कूटनेवाले आदि थे।

बसवेश्वर ने सबसे पहले इनमें स्वाभिमान भरने का काम किया। उनकी प्रतिभा को खिलने देने का मुक्त वातावरण दिया। इन्होंने अभिजात वर्ग का विरोध

किया है। बसवेश्वर निम्न जाति के सुशील शरणों को पास बिठाते हैं, सद्गुणों का आदर करते हैं। ऐसा ही एक वचन देखा जा सकता है—

*कुलहीन सुशील हो तो,*
*उसके पड़ोस में रहना भला है।*
*सुपथ छोड़े बिना लिंग का सुमिरन कीजिए।*
*सुपथ छोड़े बिना शिव का सुमिरन कीजिए।*
*अनुभव मंटप में*
*मोची चन्नय्या सुशील है, कूडलसंगमदेव।*

जाति पद्धति की राक्षसी दुष्टशक्ति से शरण कवि अच्छी तरह परिचित थे। इस अनिष्टपद्धति ने शरणों के हृदय को हिलाकर रख दिया था। एवं इसे समूल नाश करने के लिए शरणों प्रामाणिकता से प्रयास किए। उस समाज में सबसे उपेक्षित सर्वहारावर्ग को बसवेश्वर ने अपने साथ समानता के स्तर पर बिठाया एवं उनसे पिता, ताऊ, भाई के सम्बन्ध स्थापना की। यह वचन उसे मार्मिकता से अभिव्यक्त करता है—

*पिता मेरे मोची चन्नय्य,*
*ताऊ मेरे चमार कक्कय्य,*

*देखिए पितामह मेरे चिक्कय्य*
*भाई मेरे किन्नर बोम्मय्य,*
*आप मुझे कैसे नहीं पहचानते कूडलसंगमदेव।*

बसवण्णा की पत्नी शिवशरणी नीलम्मा भी अपने आप को—'मैं मोची चन्नय्या की पोती'! (नानु मादर चन्नय्यन मोम्मगळू) कहती है। इस प्रकार अन्त्यजों को अपने साथ समान (Equate) करते हुए, उनसे गले मिलना विशेष रूप से महिलाओं की भावनाओं में भी इसे देख पाना अत्यन्त ही महत्त्वपूर्ण बात है। यह अन्त्यजों की हीन भावना (Inferiority complex) को मारने की दिशा में महत्त्वपूर्ण काम करता है। शिवशरणियों के वचनों में भी जाति पद्धति की अनिष्टता का विरोध है। वह जाति भेदभाव को त्यागनेवाले को ही शीलवान कहती है। शरणी अमुगे रायम्मा स्पष्ट शब्द में कहती है कि 'शीलवान हो तो जात-पाँत त्याग दो' (शीलवंतनादडे जातिय बिडबेकु)।

अस्पृश्याचरण द्वारा अन्त्यजों का अपमान किसी भी समाज के लिए अपमान की बात है। मनुष्य तो जन्म से एक ही होता है। उसका रक्त एक जैसा है। फिर यह

छुआछूत क्यों? धरती माँ तो सबके लिए एक है। फिर अन्त्यज गाँव से दूर क्यों? उस आचरण का खंडन शिवशरणों ने बड़ी ऊँची आवाजों में किया है। बसवेश्वर ने ब्राह्मणों के अस्पृश्याचरण पर व्यंग्य किया है कि ब्राह्मणों की भक्ति तो छुआछूत में ही गई (ब्राह्मणन भक्ति मुट्टि तट्टिनल्लि होयितु)। उसने कहा है कि ज्ञान और मानवीयता के स्तर पर सोचनेवालों के लिए मनुष्य की जाति एक ही है। क्या हरिजनों की बस्ती और शिवमन्दिर की जमीन एक नहीं है? स्नान और पूजन का जल एक नहीं है?

*हरिजन बस्ती और शिवमन्दिर का थल एक है,*
*स्नान और पूजन का जल एक है*
*ज्ञानी के लिए मनुष्य जाति एक है*

(नेलवोंदे होलगेरि शिवालय के।
जलवंदे शौचाचमनके।
कुलवंदे तन्न तानरिदवंगे)

तो दलितों को अस्पृश्य समझकर गाँव के बाहर उच्चवर्ग और वर्णवालों से दूर क्यों रखा गया है? शिवशरणी बोंतादेवी यही सवाल करती हैं। कहती हैं कि गाँव के भीतर और बाहर की जगह में कोई अन्तर हो सकता है? ब्राह्मणों के नाम से और अस्पृश्यों के नाम से कोई जगह हो सकती है? जमीन तो सब एक ही है तो भेद का भाव ही कहाँ उठता है?

*ग्राम के भीतर-बाहर की जमीन क्या भिन्न-भिन्न है?*
*ग्राम में ब्राह्मणों की जमीन ग्राम के बाहर अन्त्यजों की*
*जमीन क्या भिन्न-भिन्न है?*
*जहाँ कहीं देखो जमीन एक ही है।*

शिवशरणी काळव्वे ने भी सवाल किया है कि जाति को श्रेष्ठ कहनेवाला कभी भक्त हुआ है? [ कुलव एत्ति नुडियुवान्त भक्तने ]

अस्पृश्याचरण की अर्थहीनता पर प्रकाश डालने के साथ-साथ इन्होंने ब्राह्मणों के जाति अहं पर भी आक्रमण किया है। उनको श्रेष्ठता की भावना (Superiority complex) का भंग इनके वचनों में अधिक मात्रा में अभिव्यक्त हुआ है।

इन्होंने स्पष्ट कर दिया है कि व्यक्ति जो भी वृत्ति अपनाता है वह पेट भरने के लिए मात्र है, स्वावलम्बन का मार्ग मात्र है। वृत्ति में कोई श्रेष्ठ या कनिष्ठ नहीं है। अपनी वृत्ति से कोई लोहार, धोबी, जुलाहा या विप्र कहलाता है। यह उनकी

उच्चता या नीचता का परिचायक नहीं है। क्या किसी का जन्म कान से हुआ है जो श्रेष्ठता या कनिष्ठता की बात लेकर बैठते हो? बसवण्णा का एक वचन इसे स्पष्ट करता है—

*लोहा गरमाया लोहार कहलाया,*
*कपड़ा धोया धोबी कहलाया,*
*सूत ताना जुलाहा कहलाया,*
*वेदपाठ किया विप्र कहलाया,*
*जग में कोई कान से पैदा हुआ है?*

जाति के नाम से भेदभाव मिटाकर एक सम्पन्न और स्वस्थ समाज की कल्पना शिवशरणों ने की थी जहाँ किसी प्रकार की असमानता नहीं। जाति भेदभाव की सीमाओं को यहाँ के शरणों ने पार किया था। दलितों में स्वाभिमान की भावना की स्थापना हो चुकी थी। इसलिए बसवण्णा ने अपने आपको ब्राह्मण की श्रेष्ठता से मुक्त किया था एवं शरण माचय्या, कक्कय्या और चन्नय्या को किसी जातिविशेष के साथ जोड़ना अर्थहीन समझा था। यही तो इन शरणों के काव्य की देन है और उसकी सफलता है। बसवण्णा ने कहा है—

*सिरियाळ को क्या वणिक कह सकता हूँ?*
*माचय्या को क्या धोबी कह सकता हूँ?*
*कक्कय्या को क्या चमार कह सकता हूँ?*
*चन्नय्या को क्या मोची कह सकता हूँ?*
*मैं अपने को ब्राह्मण कहूँ तो हँस पड़ेंगे*
*कूडलसंगमदेव।*

इन शरणों के सम्पर्क से कई दलित वर्गों का उद्धार हुआ। वे सोचने लगे कि जन्म से कोई बड़ा या छोटा नहीं है। शिवशरणी लिंगम्मा, जो निम्न जाति एवं स्त्री होने की वजह से दोनों दृष्टियों से दलित है, शरणों के सम्पर्क में अपने आपको धन्य समझती है—

*निम्न जाति में जन्म लेकर,*
*सत्संग में विकसित होकर*
*सत्य शरणों के चरणों में रही।*
*ऐसों के दर्शन से अँधेरा दूर हुआ।*

युगीन-कलंक जातिवाद की वजह से दलितों की अपमानजनक स्थितियों से मुक्ति का प्रयास अत्यन्त ही प्रामाणिकता से शिवशरणों के काव्य ने किया है। अस्पृश्याचरण और जाति के नाम से भेदभाव को अर्थहीनता का चित्रण, निम्न जाति और वर्ग के लोगों में स्वाभिमान का जागरण और व्यक्तित्व विकास के लिए मुक्त वातावरण के निर्माण की आवश्यकता की वकालत बारहवीं सदी के शिवशरणों के काव्य ने सफलता के साथ की है और उसे सफलता भी मिली है।

दलितों के प्रति काव्य का उत्तरदायित्व शरणों ने यों ही चलते-चलते नहीं निभाया। दलितों की समस्या और स्त्री विमोचन का कार्य शिवशरणों के काव्य ने अत्यन्त ही जागरूकता और गम्भीरता से किया है। दलितों के शोषण का प्रमुख कारण पुरोहितवाद भी था। पुरोहितशाही कभी व्यक्ति के विकास को मुक्त वातावरण नहीं देता। इसकी क्रूरता पर डॉ. अंबेडकर ने लिखा है कि नागरिकता के पहिए का पुरोहित एक रुकावट है। उसकी राक्षसी प्रतिभा की छाया सदैव आम आदमी (दलित) पर छाई हुई होती है। अव्यक्त शक्ति और आम आदमी के बीच यह दलाल की तरह होता है। किसी की शादी हो या मौत यह लगातार शोषण करता रहेगा। इसकी प्रार्थना भी आम आदमी की बलि लेने के लिए ही होती है।

पुरोहितवाद से दलितों को मुक्त करना ही उनकी मुक्ति को प्रमुख मार्ग समझते थे अंबेडकर जी।

शिवशरणों ने तो अपने सारे जीवन में पुरोहितवाद से लोगों को मुक्त करने का अथक प्रयास किया था। सारा वचन साहित्य इसका सजीव प्रमाण है।

स्वानुभव, स्वाध्ययन, स्वसाधना से मात्र व्यक्ति का व्यक्तित्व विकास हो सकता है। किसी अन्य पुरोहित या ग्रंथस्थ ज्ञान से व्यक्ति का विकास नहीं हो सकेगा। इसे शरणों ने सारे वचन साहित्य में ऊँची आवाज में कहा है और सारे जीवन में इसका आचरण किया है। अत्यन्त ही विद्रोही ध्वनि में बसवण्णा ने कहा है कि सती के साथ सम्भोग और भूख लगने पर भोजन स्वयं को ही करना पड़ता है

*भूख लगी है मुझे,*
*भोजन करो तुम।*
*रतिसुख चाहूँ मैं,*
*सती सम्भोग करो तुम।*
*ऐसा कि कोई कह सकता है?*

दलितों की मुक्ति और भिन्न-भिन्न प्रकार की अन्धश्रद्धाओं में जकड़े हुए आम आदमी का विमोचन शरणों के काव्य का सात्त्विक उद्देश्य था। इनका काव्य सोद्देश्य और कलात्मक था।

किसी भी वर्ग या वर्ण की स्त्री सदियों से शोषित है। दुनिया के किसी कोने में भी स्त्री युग-युगों से दलित ही है। पुरुष प्रधान समाज ने उसका शोषण निरंतर किया है। इस बात से शरण भलीभाँति परिचित थे। स्त्री विमोचन शिवशरणों की प्रमुख देन है और उनके काव्य की सार्थकता उसी में है। भारत के इतिहास में प्राय: पहली बार स्त्री समानता की आवाज इतनी ऊँची आवाज में सुनाई दी। साहित्य के माध्यम से इसकी अभिव्यक्ति हुई। लगभग पचासों महिलाओं ने वचन साहित्य की रचना की थी। एक वेश्या सूळे संकव्वे ने भी शरणों के सम्पर्क से वचन की रचना की थी। महिलाओं ने शंकाएँ उठाईं, प्रश्न किए, विचार-विमर्श और चिन्तन में भाग लिया और श्रेष्ठ साहित्य द्वारा अपनी भावनाओं को अभिव्यक्त करने के प्रयास किए।

स्त्री समानता का प्रयास उनके काव्य में भरा पड़ा है। एकमात्र प्रतीक के रूप में कहा जा सकता है कि शिवशरणी गोग्गव्वे कहती है—

*थन-चोटी से स्त्री कहलाएगी*
*मूँछ और काछ से पुरुष कहलाएगा,*
*इन दोनों में स्थित ज्ञान स्त्री है या पुरुष?*
*है नास्तिनाथ!*

शरण जेडर दासिमय्या ने कहा है कि स्त्री और पुरुष में स्थित आत्मा न पुरुष है और न ही स्त्री—

*थन-चोटी से स्त्री कहलाएगी*
*मूँछ-दाढ़ी से पुरुष कहलाएगा*
*दोनों में स्थित आत्मा न स्त्री है न पुरुष है।*
*हे रामनाथ!*

नारी में इस साहित्यिक आन्दोलन और शरणों के सम्पर्क ने स्वाभिमान और आत्मबल भर दिया था। इसका सजीव उदाहरण अक्कमहादेवी और उसका वचन साहित्य है। अक्कमहादेवी तो अपनी साधना के लिए घर-बार, गाँव की उपेक्षा कर सारे सामाजिक बन्धनों को तोड़कर शरणों के साथ अनुभव मंटप में भाग लेने के लिए आई थीं। कई बाधाओं को वह चुनौती देती है—

*कल जो आएगा, आज ही आने दो,*
*आज जो आएगा, अभी आने दो,*
*अब-तब मत कहो, है चन्नमल्लिकार्जुन!*

कल्पना कीजिए कि आज भी जबकि पत्र-पत्रिकाएँ इतनी अधिक संख्या में हैं, समूह माध्यम की प्राप्ति सरल है तो भी लगभग बीस-पच्चीस महिलाएँ जो अपने को लेखन-कार्य में जुड़ती हैं, मिलना कठिन काम है। किसी भी भारतीय भाषा की यही स्थिति है। ऐसे सन्दर्भ में बारहवीं सदी की इतनी अधिक संख्या में कवयित्रियों का लिखना कितना अर्थपूर्ण लगता है। शिवशरणों के काव्य में दलित चेतना अध्ययन इसीलिए रोचक लगती है।

एक लेखक ने यह सही ही कहा है कि बीसवीं सदी से भी बारहवीं सदी में कर्नाटक में शिवशरणों ने दलितोद्धार का काम अच्छा किया था। Religion And Society Among Harijans (Dr. N. K. Kadetotad) की इन पंक्तियों का उल्लेख यहाँ अनुचित न होगा

The socio-religious status of the Harijans of Karnatak is slightly different from the status of the Harijans who lived in other parts of India. This is because of the powerful role played by Lingayatism religio-reformist movement which flourished from the 12th century on wards. So one can reasonably say that systematic efforts to remove untouchability were started by the Sharanas (Shivasharanas, Vachana-karas) in Karnatak in 12th Century. In a way the movement for removal of untouchability had already gone far ahead compared with the work done in the 20th century.

यहाँ एक प्रश्न भी उठाया जा सकता है कि हिन्दी साहित्य में समानता की आवाज पहली बार कबीर में सुनाई पड़ती है। ब्राह्मण-शूद्र एवं हिन्दू-इस्लाम के भेदभावों की ओर कबीर की पैनी दृष्टि गई थी और समानता का गीत कबीर ने गाया था। हमने पढ़ा है कि डॉ. अम्बेडकर को गौतम बुद्ध के बाद समानता की ध्वनि कबीर की वाणी में सुनाई दी थी।

*लाली मेरे लाल की जित देखो तितलाल।*
*लाली देखन मैं गई, मैं भी हो गई लाल॥*

जैसे अनुराग की लालिमा के गीत गानेवाले कबीर

*पाहन पूजे हरि मिले, तो मैं पूजौ पहार।*
*ताने यह चाकी भली, पीस खाय संसार॥*

जैसे वास्तविकतावादी भी थे। ऐसे कबीर का प्रभाव 'एक ज्योति थैं सब उतपना, कौन बाम्हन कौन सूदा' (कबीर) के रूप में किसी पर भी पड़ सकता है।

पर कबीरदास जी का प्रयास शिवशरणों की तरह सामूहिक था और बारहवीं सदी के वचन साहित्य की तरह महिला की रचनाएँ कबीर के काल में नहीं है।

कबीरदासजी का समय तो चौदहवीं-पन्द्रहवीं सदी है तो शिवशरणों का वचन साहित्य का काल बारहवीं सदी है। तो क्या कारण है कि डॉ. अम्बेडकर जी को समानता के बीज कबीर में दिखते हैं, बसवेश्वर में नहीं। कबीरदास जी भारतीय स्तर पर पढ़े-सुने जाते हैं और बसवण्णा नहीं। कारण स्पष्ट है कि भाषा की दीवार ने इन्हें बाँधकर रख दिया है। क्या इक्कीसवीं सदी के समीप हम भी भाषा की इन दीवारों को सरलता से तोड़ नहीं पा रहे हैं?

# एक वचन : एक विवेचन

कन्नड़ साहित्य इतिहास की धारा में बारहवीं सदी का वचन साहित्य युग सच्चे अर्थ में 'स्वर्णयुग' कहलाता है। इस काल-विशेष में कन्नड़ के शिवशरण-शिवशरणियों ने कविता की रचना सामाजिक, आर्थिक, सांस्कृतिक और धार्मिक आन्दोलन के लिए की। लेखन कार्य इनके लिए साधन मात्र था, न कि साध्य।

लगभग सैकड़ों शरण कवि एवं पैंतीस से बढ़कर कवयित्रियों ने समकालीन होकर बारहवीं सदी में वचन साहित्य की रचना की थी। 'वचन' गद्य-पद्य का सम्मिश्र सरस सरल काव्य प्रकार माना जा सकता है। इनके जीवन और लेखन एवं कथनी और करनी में सुन्दर समन्वय था। इसीलिए इनके लेखन में प्रामाणिकता थी। इन्हींने जो भी अनुभव किया उसे वाणी में अभिव्यक्त किया, जो भी अभिव्यक्त किया वही दर्शन बन गया, उनका दर्शन ही काव्य बन गया और वही उनकी जीवनशैली बन गई थी।

इस काल के सब शिवशरण और शिवशरणियाँ निम्न जाति और निम्नवर्ग के थे। सब वृत्तियों के लोगों ने इस कविता कर्म में भाग लिया था, जैसे—मोची, ढोर, धोबी, केवट, हज्जाम, हरिजन, लकड़ी बेचनेवाला, रस्सी बनानेवाला, किसान, नट, गायक चावल कूटनेवाली आदि। यहाँ तक कि वेश्या सूळे संकव्वे जैसी महिला ने भी मन परिवर्तन से वचन की रचना की थी। इतनी बड़ी संख्या में भिन्न-भिन्न वृत्तियों के शरण-शरणियों ने एक स्थान में, एक समय में, एक ही उद्देश्य के लिए मिलकर आत्मशुद्धि एवं समाजशुद्धि के लिए साहित्य की रचना की जो अत्यन्त ही आश्चर्य की बात है।

प्राय: भारत के इतिहास में सबसे पहली बार सर्वहारा वर्ग को बोलने का मुक्त अधिकार मिला और उनकी वाणी सार्थक काव्यवाणी बन गई।

एक समय में शेक्सपियर या वड्र्सवर्थ का होना, एक कालिदास या रवीन्द्रनाथ टैगोर का होना मेरे लिए आश्चर्य की बात नहीं लगती। पर यहाँ तो हर कोई महान कवि था, महाकवि था।

संस्कृत से हठ कर बोलचाल की कन्नड़ भाषा में लिखना पहली बार इन लोगों ने आरम्भ किया और विकास की दृष्टि से कन्नड़ भाषा चरमसीमा को छू गई।

कविता के उद्देश्य की दृष्टि से ये कवि अत्यन्त ही स्पष्ट थे। उनकी दृष्टि में काव्य लोगों तक जाने के लिए था और उनके जीवन को ऊपर उठाने के लिए था। अंबिगर चौडय्या ने अपने एक वचन में यह स्पष्ट कर दिया कि वचन का अर्थ सरलता से समझ में आएगा। इस डर से रहस्यार्थ में क्योंकर लिखूँ? (वचनार्थव तिळिदिहरेंदु मरे माडि बरेयलेतकय्या?) काव्य प्रतिभा के प्रदर्शन के लिए यदि कविता की रचना करें तो कला जीवनोद्धार के लिए कहाँ रह जाती है?

माउत्से-तुंग ने कहा है कि जिसे समूह का शिष्य बनने नहीं आता है वह कभी समूह का गुरु नहीं बन सकता है। इन शरणों ने आम आदमी की जीवनशैली से बहुत कुछ सीखा था। इसीलिए इनकी कविता में आम आदमी का हृदय बोलता है और मार्गदर्शन पाता है।

स्त्री विमोचन, जातिवाद का नाश, धर्म के क्षेत्र में लोकतंत्र तत्त्व की स्थापना एवं सब प्रकार की समानताओं के ससाज का निर्माण इनके काव्य की प्रमुख आवाज थी।

अत्यन्त ही विश्वास भरी एवं ऊँची आवाज में यह कहा जा सकता है कि विश्वसाहित्य की पंक्ति में कन्नड़ के वचन साहित्य को खुले दिल से रखा जा सकता है।

वचन साहित्य के प्रमुख कवि हैं बसवण्णा, अल्लमप्रभु, चन्नबसवण्णा, सिद्धराम, अंबिगर चौडय्या, नुलिय चन्दय्या, एवं अक्कमहादेवी, नोलांबिके, गंगांबिके, काळव्वे, मोळिगेय महादेवी, आय्दक्की लक्कम्मा, सूळे संकव्वे आदि-आदि।

अल्लमप्रभु के एक वचन का चिन्तन-मंथन करना इस लघु लेखन का उद्देश्य है। वचन और उसका हिन्दी रूपान्तर निम्न प्रकार है। किसी कविता का अन्य भाषा में रूपान्तर करते समय अर्थ की आंशिक हानि होगी ही। पर प्रयास तो निरंतर करना ही है। इस बात से मैं सजग हूँ।

*अज्ञान रूपी पालने में, ज्ञान रूपी शिशु को लिटाकर,*
*सब वेदशास्त्र रूपी रस्सी (!) से पालन बाँधकर,*
*भ्रम रूपी माँ लोरी गा कर,*
*पालने में शिशु को सुला रही है।*
*जब तक —*
*पालना टूटेगा नहीं, रस्सी फटेगी नहीं,*
*लोरी रुकेगी नहीं,*
*गुहेश्वर लिंग की प्राप्ति असम्भव है।*

**—अल्लमप्रभु**

काव्य सौन्दर्य, उद्देश्य की स्पष्टता, समस्या के चित्रण के साथ-साथ समस्या से मुक्त होने का मार्गदर्शन भी अल्लमप्रभु के इस एक वचन में देखा जा सकता है।

वचन का पूर्वार्ध में कहना है कि अज्ञान के पालने में ज्ञान शिशु सो रहा है। स्वयं माँ लोरी गा-गा कर शिशु को सुला रही है और भ्रम ही माँ है। यह पालना वेदशास्त्र की रस्सियों से बँधा है। इन रस्सियों को कवि ने फाँसी का फंदा कहा है। कन्नड़ में 'नेणु' फाँसी को ही कहते हैं।

इस वचन के अर्थ लोक में प्रवेश करने के लिए युगीन परिस्थितियों की भूमिका चाहिए। बसव युगीन समाज अन्धश्रद्धाओं के जाल में फँसा हुआ था। अज्ञान की वजह से समाज अपनी क्रियाशीलता खो बैठा था। अपने आपको ज्ञात के ठेकेदार समझनेवाले अक्षरों के बल से, और ग्रंथस्थ ज्ञान के बल से सर्वहारा वर्गों के शोषण कर रहे थे। जिस समाज में ग्रंथस्थ ज्ञान का बोलबाला हर कहीं होता है और स्वानुभव की उपेक्षा होती है तो वह समाज खोखला हो जाता है। उसके फूल कागज के फूल मात्र रह जाते हैं। बारहवीं सदी की शरणयुगीन शिक्षा मठ मन्दिर और अग्रहारों में चलती थी। दलितों को वहाँ प्रवेश नहीं था। संस्कृत में शिक्षा दी जाती थी। आम आदमी और स्त्री वर्ग इस शिक्षा से वंचित था। वेद, आगम, शास्त्र आदि का महत्त्व कर्मकांड आचरण और पंडितों की नीरस गोष्ठियों तक ही सीमित था। देश की अर्द्ध शक्ति स्त्री को और देशनिर्मापक सर्वहारा वर्ग को अत्यन्त ही व्यवस्थित ढंग से युगीन पंडितों ने शिक्षा से अछूता ही रखा, जिसकी वजह से इस वर्ग के सांस्कृतिक व्यक्तित्व का विकास नहीं हो सका है।

मनुस्मृति ने तो घोषित कर दिया था कि स्त्री स्वातंत्र्य के लिए योग्य नहीं है। कहा जाता है कि जो शूद्र संस्कृत श्लोक सुनता था उसके कानों में गरम सीसा डाला जाता था। वास्तविकता तो यह है कि ग्रंथस्थ ज्ञान कभी मनुष्य को मुक्त विकास करने नहीं देता। इसीलिए शिवशरण ने सदैव ही जनविरोधी और जीवनविरोधी शिक्षा की वस्तु वेदागमशास्त्र का विरोध किया है। बसवण्णा ने कहा है कि जो प्राणीवध का पाठ पढ़ाता हो, जिसमें कर्मकांड का गुणगान हो उससे क्या लाभ?

*शास्त्र को बड़ा मानूँ? कर्म की उपासना करता है,*
*वेद को बड़ा मानूँ? प्राणिवध का समर्थन करता है*

(शास्त्रव घनवेंबेने कर्मव भजिसुत्तिदे
वेदव घनवेंबेने प्राणिय वधे हेळुत्तिदे...)

शिवशरणों ने यह स्पष्ट किया है कि वेद, शास्त्र, स्मृति आदि से अनुभव ही श्रेष्ठ है। जिस साहित्य में स्वानुभव और लोकानुभव का महत्त्व होता है वह समाज

और उसके बहुसंख्यक सामान्य लोगों के निकट होता है। इसीलिए शरणों का काव्य लोकजीवन और लोकहित के निकट है। मडिवाळ माचय्या के एक वचन में स्वानुभव की श्रेष्ठता कही गई है—

> ...पुराण दुष्टों की गीष्ठि है, आगम जड़ वाणी है।
> तर्क व्याकरण कवित्व की प्रौढ़िमा है, इसलिए
> स्वानुभव से श्रेष्ठ कुछ भी नहीं है कलिदेवरदेव।
>
> (....पुराण पुंढरगोष्ठि, आगम अनृतद नुडि,
> तर्क व्याकरण कवित्वद प्रौढ़िमे, इदुकारण
> नन्नोळगणनरिद अनुभवदिंद घनविल्लेंद कलिदेवरदेव)

वेद-शास्त्र-आगम-पुराण जैसे ग्रंथस्थ ज्ञान की प्रधानता की वजह से कर्मकांड का आचरण और बलि के रूप में समाज में अज्ञान और भ्रम फैला हुआ था। इसी को अल्लमप्रभु ने अपने इस वचन में स्पष्ट किया है कि अज्ञान के पालने में ज्ञानशिशु सो रहा है। वेद-शास्त्र की रस्सियों से पालना बँधा हुआ है तो स्वयं भ्रम ही माँ बनकर ज्ञानशिशु को लोरी गाकर सुला रही है।

माँ पर कोई शंका नहीं कर सकता। माँ के रूप में स्थित भ्रम कभी भ्रम नहीं लगता। भ्रम प्यारा लगने लगता है। अज्ञान में लिपटा ज्ञान किसी को दिखाई नहीं देता। अवास्तविकता ही वास्तविक लगने लगता है। समाज की ऐसी मानसिकता की चिकित्सा सरल नहीं है। बीमारी को पहचानना और उसका समूल नाश करना अनिवार्य हो जाता है।

इस वचन का उत्तरार्ध इसी चिकित्सा का मार्गदर्शन करता है। यह वचन समूल परिवर्तन की और समग्र क्रान्ति की बात करता है। अल्लमप्रभु का कहना है कि सुधारवादी नीति से कुछ नहीं होगा। ज्ञान की जागृति के लिए अज्ञानरूपी पालने को टूटने की, वेद शास्त्ररूपी रस्सियों को फटने की, और माँ की लोरी रुकने की आवश्यकता है।

समूल परिवर्तन की अनिवार्यता को यह वचन ऊँची आवाज में अभिव्यक्त करता है। कवि यहाँ पर बड़े ही विद्रोही लगते हैं।

ज्ञान के ठेकेदार और पुरोहितशाही का समूल नाश शिवशरणों का उद्देश्य था। ये लोग पुरोहितशाही व्यवस्था की कठोरता को भलीभाँति जानते थे। एक स्थान में डॉ. अंबेडकर ने पुरोहित के बारे से कहा है कि नागरिकता के पहिए के लिए पुरोहित रुकावट है। उसकी राक्षसी प्रतिभा की छाया सदैव आम आदमी पर छाई हुई होती है। अव्यक्त शक्ति और आम आदमी के बीच यह दलाल की भाँति होता है। किसी का विवाह हो किसी की मृत्यु पुरोहित तो शोषण करेगा ही। उसकी प्रार्थना भी आम आदमी को बलि लेने के लिए ही होती है।

इसीलिए पुरोहितशाही व्यवस्था को तिरस्कार करने के लिए शरणों ने कहा है कि भूख लगने पर भोजन और रतिसुख के लिए सती के साथ सम्भोग स्वयं को करना पड़ता हो न कि अन्यों से कराया जा सकता है। बसवण्णा का यह वचन इस दिशा में ध्यान देने योग्य है—

*भूख लगी है मुझे, भोजन करो तुम,*
*रतिसुख चाहूँ मैं, सती सम्भोग करो तुम,*
*ऐसा भी कोई कह सकता है?*

**—बसवण्णा**

[हसिवादडुंबुदनु सतिय सम्भोगवनु
आनागि नी माडेंबवरुंटे? )

ठीक इसी तरह अध्यात्म के क्षेत्र में भी साधना स्वयं करनी पड़ती है। यहाँ किसी पुरोहित की आवश्यकता नहीं है, न ही मठ मन्दिरों की आवश्यकता है। धर्म के नाम पर आम आदमी के शोषण को उन्होंने उसी मार्ग से रोक दिया था। इसीलिए इस वचन का उद्देश्य कि अज्ञान के पालने को टूटने, वेदशास्त्र की रस्सियों को फटने एवं भ्रम की लोरी को रुकने की अनिवार्यता का एहसास गहरा और हृदयस्पर्शी होता है। इस प्रकार के परिवर्तन के बाद ही कोई साधक सिद्धि को प्राप्त कर सकता है। कवि ने कहा है कि गुहेश्वर लिग की प्राप्ति ऐसी स्थिति में ही सम्भव है। गुहेश्वर लिंग अल्लमप्रभु का आराध्यदेव था काव्यांकित नाम। इस वचन की अर्थसीमा विशाल है और आज के लिए भी प्रासंगिक है।

काव्यशिल्प का अनुशासन भी इस छोटे से वचन में विशेष रूप से देखा जा सकता है। सात पंक्तियों के इस वचन में पूर्वार्द्ध की चार पंक्तियाँ स्थिति को अत्यन्त ही स्पष्ट करती है, सो भी कलात्मक ढंग से।

सशक्त कविता कभी मौन नहीं होती। वह बोलती है पर वाचाल भी नहीं होती। वह अर्थपूर्ण बात मात्र करती है। समस्या सामने रखती है तो उससे बचने का मार्गदर्शन भी करती है। इस वचन की उत्तरार्द्ध तीन पंक्तियाँ मार्गदर्शन करती हैं। कहती हैं कि स्थिति के समूल परिवर्तन की आवश्यकता है।

वचन साहित्य के इन्हीं गुणों की वजह से वह साहित्य बहुसंख्यक शरणों से बहुसंख्यक सामान्य लोगों के लिए लिखा गया। वह ध्वनिहीनों की ध्वनि है और उसने स्पष्ट किया है कि परम्परा से सत्य श्रेष्ठ है एवं ग्रंथस्थ ज्ञान से अनुभव श्रेष्ठ है।

# सर्वज्ञ और कबीर : एक तुलनात्मक दृष्टि

साहित्य और समाज के अध्ययन में, किसी विचारधारा के संघर्ष और उसके अस्तित्व के अध्ययन में तुलनात्मक दृष्टिकोण एक समग्र और स्पष्ट नजरिया देता है। वास्तव में तुलनात्मक अध्ययन का उत्तरदायित्व आलोचना और अनुसंधान से भी श्रेष्ठ माना जा सकता है। यह मनुष्य के सीमित ज्ञान क्षेत्र का विस्तार करता है और उसकी भाषा, साहित्य और देश के बन्धनों को ज्ञानार्जन में बाधा डालने नहीं देता।

तुलनात्मक साहित्य अत्यन्त ही श्रेष्ठ और सार्वभौम साहित्य की संकल्पना है। यह साहित्य को राष्ट्रीय और भाषिक सीमाओं से ऊपर उठकर उसे वैश्विक और सार्वकालिक व्यक्तित्व प्रदान करता है। यहाँ साहित्य के बाहरी रूपों की उपेक्षा होकर उसके आन्तरिक तत्त्व को उदारता से स्वीकार किया जाता है। साहित्य का आन्तरिक तत्त्व तो मनुष्य को अधिक संवेदनशील एवं अधिक मानवीय करना ही है।

तुलनात्मक अध्ययन में अनुवाद की मानसिकता भी सक्रिय होती है। अनुवाद किसी समाजवादी समाज की उपज है। अनुवाद में दूसरों की भावनाओं को समझने और स्वीकार करने का विनय होता है—सबको समान दृष्टि से देखने का स्वस्थ दृष्टिकोण यहाँ है। यहाँ पर कोई विचार उपेक्षित नहीं होता, कोई व्यक्ति या समाज उपेक्षित नहीं होता है।

इस पृष्ठभूमि में, हम आधुनिक सन्दर्भ में कबीर और सर्वज्ञ की प्रासंगिकता से विवेचन विश्लेषण कर सकते हैं। संसार के महत्त्वपूर्ण साहित्यों पर दृष्टिपात करने से; इस सन्दर्भ में भारतीय सभी भाषाओं के साहित्य पर दृष्टि डालने से यह स्पष्ट हो जाता है कि भिन्न-भिन्न साहित्य में अभिव्यक्त मानव-चेतना और मानव-हृदय एक ही है। मानव समाज के क्रमिक विकास में विभिन्न सामाजिक परिस्थितियों से गुजरते हुए भी मानव मन अपने देश-काल-भाषा एवं साहित्य के बन्धनों को पार कर विश्व साहित्य के माध्यम से अपने सार्वभौम एवं चिरंतन स्वरूप का परिचय देता रहा है।

कबीरदास जी हिन्दी साहित्य के भक्तिकाल की निर्गुण भक्तिधारा के प्रवर्तक कवि माने जाते हैं। निर्गुण भक्तिधारा ज्ञानमार्ग के रूप में भी पाठकों के सामने है। कबीर निर्भीक, उदार, सत्यवादी, अहिंसावादी, समाज सुधारक एवं जन्म से विद्रोही थे।

उनमें अदम्य साहस एवं अखंड विश्वास था। कबीर के व्यक्तित्व के सम्बन्ध में डॉ. हजारीप्रसाद द्विवेदी जी का कथन बड़ा ही विशेष और वास्तविक लगता है, "वे सिर से पैर तक मस्तमौला, स्वभाव से फक्कड़, आदत से अक्खड़ भक्त के सामने निरीह भेषधारी के सामने प्रचंड, दिल के साफ, दिमाग से दुरुस्त, भीतर से कोमल, बाहर से कठोर थे। कबीर साहित्य के अध्ययन से विद्वान द्विवेदी जी के इस कथन को कोई चिन्तक इसका भलीभाँति अनुभव कर सकता है। इनका व्यक्तित्व बहुआयामी था। वे एक साथ दार्शनिक-भक्त, समाज सुधारक, मानवतावादी, प्रकांड विद्वान और ज्ञानी थे।

कन्नड़ साहित्येतिहास में बारहवीं सदी का बसवादि शिवशरणों का वचन साहित्य अपने जनवादी चिन्तन की दृष्टि से अत्यन्त ही महत्त्वपूर्ण माना जाता है। इसे साहित्यिक-सामाजिक एवं साहित्यिक-सांस्कृतिक आन्दोलन के रूप में ही देखा जाना चाहिए। भारतीय साहित्य और सामाजिक इतिहास में सबसे पहली बार यहाँ सैकड़ों की संख्या में निम्न जाति एवं निम्नवर्ग के लोगों ने वचन साहित्य की रचना की, महिलाओं ने वचन काव्य द्वारा अभिव्यक्ति शक्ति की चरमसीमा का परिचय दिया। इनके लिए 'समता ही एक योग' (समते एंबुदे योग नोड) था। वे सुधारवादी नहीं बल्कि परिवर्तनवादी थे। इस सन्दर्भ में दलित-श्रमिकों ने वेश्या सूळे संकव्वे तक ने वचन साहित्य की रचना की थी, जो एक वैश्विक सांस्कृतिक आश्चर्य है। इस बसवादि शरण साहित्य ने आनेवाले दिनों में कई शरण-संतों, समाज सुधारक और क्रान्तिकारी चेतनाओं को जन्म दिया है। इसी आन्दोलन की देन है सोलहवीं सदी के महान लोकानुभवी कवि सर्वज्ञ। सर्वज्ञ महा सत्यवादी, फक्कड़, जातिवाद-अस्पृश्यता के विरोधी, समानता के प्रशंसक शरणजीवी थे।

कबीर की ही तरह सर्वज्ञ का भी व्यक्तित्व प्रतिभा और जीवनानुभव, विनय और विद्रोह के समन्वयवादी, सत्य-अहिंसा और प्रेम के पुजारी, सामाजिक हित का मंडन और उसके अहित का खंडन करनेवाले मस्तमौला के रूप में बहुआयामी था। इन दोनों के लिए सत्य प्राण समान था। कबीर लिखते हैं, 'साँच बराबर तप नहीं झूठ बराबर पाप' तो सर्वज्ञ सत्यवादी हरिश्चन्द्र की प्रशंसा करते हैं—

*सत्य कहकर रोने पर भी,*
*पुत्र एक मरने पर भी, सत्य न*
*त्यागने वाले हरिश्चन्द्र।*
*इस जग में श्रेष्ठ हैं जी सर्वज्ञ।*

(सत्यनुडिदत्तरु सुतनोव्वरु
सत्यवनु बिडद हरिश्चन्द्र
जगदोळगे स्तुत्यनागिहनु सर्वज्ञ)

सत्संग का सामाजिक महत्त्व सदैव है, कबीर और सर्वज्ञ दोनों ने सत्संग के महत्त्व को पहचाना है। कबीरदास कहते हैं कि—

कबीर संगति साधु की, बेगि करीजै जाई।
दुरमति दूर गवाइसीं, देसि सुमति बताई॥

सर्वज्ञ का कहना है कि—

सज्जनों का सत्संग मधु सेवन की तरह है।
दुर्जनों का संग कीचड़ की गन्दगी है जी सर्वज्ञ।
(सज्जनर संगवदु। हेज्जेनु सविदंते
दुर्जनर संगदोउ नाट बच्चलिन
रोच्चिनंतिहदु सर्वज्ञ।)

भारतीय समाज की वास्तविक समस्या से ये दोनों भलीभाँति परिचित थे। वर्णव्यवस्था, जाति व्यवस्था एवं अस्पृश्याचरण ने भारतीय समाज को सदैव खोखला कर दिया है। आश्चर्य होता है कि वर्णव्यवस्था ने भारतीय समाज को तोड़कर रख दिया था, पर इसने तो मनुष्य के सिर को श्रेष्ठ और पैर को कनिष्ठ कहा एवं दाहिने को श्रेष्ठ और बायें को कनिष्ठ कहा है। बड़ी सूक्ष्मता से देखने पर पता चलता है कि आज के आधुनिक सन्दर्भ में भी भारतीय समाज जातिवाद और अस्पृश्याचरण से सच्चे अर्थों में मुक्त नहीं हुआ है।

अत: जो चिन्तक, लेखक, कलाकार, समाज सुधारक ने जातीय व्यवस्था और अस्पृश्यता का भारतीय इतिहास में विरोध किया हो और समानताओं के स्वस्थ समाज का सपना देखा हो वह आज भी प्रासंगिक है।

हम देखते हैं कि हिन्दी साहित्य के कबीर और कन्नड़ साहित्य के सर्वज्ञ, इन दोनों ने अपने काव्य में जातिवाद एवं अस्पृश्याचरण का ऊँची आवाज में विरोध किया है, और प्रेम-सद्भावनाओं के आधार पर सामाजिक व्यवस्था की रचना का प्रयास किया है। अस्पृश्यता का आचरण एक सामाजिक अपराध है और इसकी उपस्थिति में समाज बड़ा ही जनविरोधी और जीवनविरोधी स्वभाव का परिचय देता है।

वर्ण-पद्धति की श्रेष्ठता की प्रशंसा करनेवालों को कबीरदास ने कहा कि इस दुनिया में कोई उच्च या नीच नहीं है। ब्राह्मणों के श्रेष्ठता भाव को वे नकारते हैं एवं प्रश्न करते हैं कि यदि आप जन्म से ही ब्राह्मण हैं और श्रेष्ठ हैं तो आपका भी जन्म औरों की तरह ही क्यों हुआ है? —

जो पै करता वरण विचारै
तो जनमत तीनि डांडिकिन सारे॥

नहीं को ऊँचा नहीं को नीचा।
जा का प्यंड ताही का सींचा॥
जे तू बांभन बभनी जाया,
तो आन बाट ह्वै काहे न आया?

**—कबीर**

किसी के ज्ञान और विवेक से ही वह श्रेष्ठ बनता है, न कि जन्म से। ऐसा नहीं कि ऊँचे कुल के भ्रम में जन्म लेकर वह ऊँचा कहलाता हो और उसकी श्रेष्ठता स्थापित है। सामाजिक मोल तो ज्ञान और श्रेष्ठ करनी से होना चाहिए। छापा-तिलक लगाकर अपने को श्रेष्ठ समझते रहना और विवेकहीन आचरण करते रहना तो अस्वस्थ समाज का कारण बन सकता है, जो कबीरदास जी इसकी सुन्दर अभिव्यक्ति अपने काव्य में करते हैं। निम्नलिखित एक-दो दोहों को देख सकते हैं—

जाति न पूछ साधु की, पूछ लीजिए ज्ञान।
मोल करो तलवार का, पड़ा रहन दो म्यान॥

ऊँचे कुल क्या जनमियाँ जे करणी ऊँच न होई।
सावन कलस सुरै भर्या, साधु निन्द्या सोई॥

बैसनौं भया तो का भया, बूझा नहीं बिबेक।
छापा तिलक बनाई करि, दगध्या लोक अनेक॥

अस्पृश्याचरण करनेवालों से कबीरदास जी का बड़ा प्रश्न है कि हमारा कैसे लोहू तुम्हारा कैसे दूध? सबका जन्म प्रकृति के सहज स्वभाव से ही हुआ है। तो सब समान हैं—

हमारे कैसे लोहू तुम्हारे कैसे दूध
तुम कैसे ब्राह्मण पांडे हम कैसे सूद
छोति छोति करता, तुम्हें ही जाए
तो गर्भवास काहे कौ आए?

**—कबीर**

हिन्दू-इस्लाम भेदभाव का प्रश्न भी कबीर के समकालीन समाज के सामने था, जिससे कबीर बड़े ही चिन्तित थे। इसीलिए उनको कहना अनिवार्य हुआ होगा कि—

राम रहीम जपत सुधि गई, उनि माला उनि तसबिह लई।
कहै कबीर चेतरे भोंदू बोलनहारा तुरक न हिन्दू॥

**—कबीर**

कबीर मातृहृदय इस सामाजिक भेदभाव से रो उठता है और मानवीय एकता के लिए सप्रयास और सोद्देश्य काव्य की रचना करता है—

हम एक, एक करि जाना।
एकै पवन, एक ही पानी, एक ज्योति संसारा
एक ही घड़े सब भाँडे एक ही सिरजनहारा॥

इसी एकता के लिए ही कबीर की कविता सदैव चिन्तत रही है। इसी एकता के लिए उसने हिन्दू-मुस्लिमों के धर्म के नाम पर होनेवाले जनविरोधी आचार-विचारों का खुलकर विरोध किया है और जनवादी एवं जीवनवादी तत्त्वों की खुलकर आराधना की है। कहा जाता है कि जब कबीर की मृत्यु हुई थी, हिन्दू-मुस्लिम दोनों ने उनको अपना समझकर अपनी पद्धति से शव संस्कार करना चाहा। पर जब दोनों जाकर देखते हैं, वहाँ लाश नहीं थी, सब फूल ही फूल थे। संकेत यह हो सकता है कि कबीर सबका होते हुए किसी का नहीं थे, और किसी का नहीं होते हुए सबका थे।

सर्वज्ञ प्रश्न करते हैं कि मनुष्य की जाति कनिष्ठ या श्रेष्ठ नहीं होती बल्कि मानवीयता की ज्योति, ज्ञान की ज्योति ही इस समाज को मार्गदर्शन करने की शक्ति रखती है—

जातीहीन के घर की ज्योति क्या हीन होती है?
जाती-विजाती कहा न करो।
देव के कृपापात्र ही सुजात हैं। सर्वज्ञ
(जाति हीनन मनेय ज्योति ता हीनवे?
जाति विजाती एनबेड देवनोलिदातने
जात सर्वज्ञ)

जाति व्यवस्था की क्रूरता से सर्वज्ञ भलीभाँति परिचित थे। सबमें सब प्रकार की समानता वे चाहते हैं। लिखते हैं पानी, धरती और अग्नि जब सबके लिए समान हैं तो कुलगोत्र की परिकल्पना क्यों? एक वचन ऐसा है—

चलने की भूमि एक है, पीने का पानी एक है
जलने की अग्नि जब एक है, तो बीच में
कुल गोत्र की परिकल्पना ही क्यों जी सर्वज्ञ (सर्वज्ञ)

(नडियुवदोंदे नेल, कुडिऊदोंदे जल
सुडुवग्नि वंदे इरुतिरलु। नडुवे
कुलगोत्रवेत्तणदु सर्वज्ञ)

कई मार्मिक उदाहरणों के साथ सर्वज्ञ स्पष्ट करना चाहते हैं कि भगवान कभी जाति कुल के नाम पर भेद नहीं करते, उन्हीं की संतान हम क्यों जाति भेद करें?

एक त्रिपदी वचन ऐसा है—

जिह्वा में हड्डियाँ नहीं है
धनहीन में बल नहीं है, मीनार नहीं जी
आकाश को, देव में जाति भेद नहीं जी
हे सर्वज्ञ!

(एलुबिल्ल नालिगेगे, बलविल्ल बडवरिगे
तोले कंबविल्ल गगनक्के। देवरलिंग कुलभेदविल्ल सर्वज्ञ)

इस प्रकार कबीर और सर्वज्ञ भिन्न भाषा सन्दर्भ में एवं प्रादेशिक दूरी में होते हुए भी, भारत देश की जाति व्यवस्था की अव्यवस्था से समान रूप में विचलित थे। इसलिए इसका बड़े ही उत्साह से इन्होंने समान स्तर पर विरोध किया है। उसी उत्साह से मानवीयता के स्तर पर समानता की स्थापना का प्रयास किया है।

यों कबीर और सर्वज्ञ ने जीवन के सभी आयामों पर चिन्तन-लेखन किया है। कहा जाता है कि जीवन का कोई पक्ष इनकी कलम से अछूता रहा हो पर भारतीय जाति व्यवस्था पर प्रश्नचिह्न लगाते हुए आज के आधुनिक भारतीय सन्दर्भ को प्रासंगिक लगते हैं। कबीर को तो हिन्दी काव्य परम्परा का प्रथम दलित कवि कहा जा सकता है।

जो यह लिखता हो कि—

"पाहन पूजे हरि मिले, तो मैं पूजूँ पहार
ताते यह चाकी भली, पीस खाय संसार॥"

और पोथी पढ़ पढ़ जग मुआ पंडित भया न कोय।
ढाई आखर प्रेम का पढ़े सो पंडित होय॥

आम लोगों की चक्की का गीत गाने वाले, कोरा पांडित्य से बढ़कर ढाई आखर प्रेम का गीत गानेवाले कवि कबीर कभी अप्रासंगिक हो ही नहीं सकते हैं।

ज्ञान की महत्ता के गायक रहे हैं सर्वज्ञ कवि भी। लिखते हैं—

ज्ञान से ही इह लोक है, ज्ञान से ही परलोक है
ज्ञान के अभाव में, सब कुछ होते हुए भी
हानि ही हानि है जी, हे सर्वज्ञ!

शरण परम्परा सर्व समानता की परम्परा है जैसा कि पहले ही कहा जा चुका है कि 'समता ही एक योग' है शरणमार्ग में। उस मार्ग के यात्री थे सर्वज्ञ; इसलिए समानता के गायक थे सर्वज्ञ।

दो-एक वचन देख सकते हैं—

> उत्तम वर्ण को ही उत्तम वर्ण न कहो
> पर को अपनत्व से देखनेवालों को
> उत्तम कहो जी हे सर्वज्ञ!
>
> पोथी-पाठ क्यों जी, वेद-आगम क्यों जी?
> वेदान्तवाद क्यों जी? शरण मार्ग के
> यात्री को हे सर्वज्ञ!

शरण मार्ग अर्थात् समानता के मानवीय मार्ग के यात्री कभी अप्रासंगिक नहीं हो सकते हैं।

इस प्रकार कहा ही जा सकता है कि कबीर और सर्वज्ञ दोनों ही ज्ञान और विवेक मार्ग के यात्री थे, समानताओं के गायक थे, आम आदमी के सुख-दुखों के जन कवि थे। ऐसे कविद्वय कभी आधुनिक समाज के सन्दर्भ में अप्रासंगिक नहीं हो सकते हैं।

सब प्रकार की समानताओं की स्थापना से ये कवि अप्रासंगिक लगें, यह हम भी चाहते हैं।

# शरण और संत काव्य की देन

हिन्दी में संत काव्य, कन्नड़ में वचन साहित्य अपनी कई विशेषताओं के कारणों से भारतीय साहित्य में महत्त्वपूर्ण स्थान के अधिकारी हैं। सरलता, सहजता, स्वाभाविकता और अपने समाज के प्रति प्रामाणिकताओं की दृष्टि से संत और शरण काव्य अद्वितीय है। मानवतावादी तत्त्व का प्रतिपादन जितनी स्पष्टता और ऊँची ध्वनि में इनके काव्य में हुआ है, वह अन्यत्र दुर्लभ है।

आधुनिक साहित्य लोक को संत और शिवशरणों के काव्य की अत्यन्त ही प्रमुख देन है उनके काव्य की सामाजिक चेतना। अपने युगीन सामाजिक चेतना की धुरी पर ही इनका कात्र्य टिका हुआ है। इसलिए इनका काव्य सजीव और युग-युग का काव्य है। इनके इन्हीं गुणों के कारणों से संत और शिवशरणों का काव्य विश्व साहित्य की श्रेणी में रखा जा सकता है।

संतों और शिवशरणों के काव्य की आध्यात्मिक देन चाहे कुछ भी हो पर इनकी सामाजिक देन कम नहीं है। इनकी रचनाओं पर इस दृष्टि से विचार करने पर ही हमें जान पड़ेगा कि इनके काव्य का महत्त्व विश्व-कल्याण की दृष्टि से भी बहुत श्रेष्ठ कहा जा सकता है। इन कवियों द्वारा प्रस्तुत सामाजिक विचारों का महत्त्व आज भी उतना ही है, और इनके काव्य के मार्ग निर्देशन के गुणों की आभा आज भी उतनी ही प्रकाशमान है जितना उनके युग में था।

आधुनिक सामाजिक व्यवस्था (Social Structure) को संत और शिवशरण कवियों की सबसे बड़ी देन है, उनकी जात-पाँत, ऊँच-नीच कर जाति-उपजातियों की जननी वर्णपद्धति का खंडन। वर्ण-पद्धति के नाम से संत और शरण कालीन समाज जाति और उपजातियों में बँटा हुआ था। मानवतावादी और संवेदनशील दोनों कवियों ने सामाजिक अनिष्टता की जाति पद्धति का स्पष्ट रूप से विरोध किया है। बसवण्णा ने पूछा कि वर्णनां किं प्रयोजनं? और कबीर ने ब्राह्मण-शूद्र सबको समान कहा—

एक बूँद एक ही मलमूतर, एक चाम एक गूदा।
एक ज्योति थै, सब उतपना, कौन ब्राह्मण कौन सूदा।

—**कबीर**

संत और शिवशरण जानते थे कि बाहरी विभिन्नताएँ शारीरिक हैं, न कि आत्मा सम्बन्धी ऊँच-नीचता। इसीलिए इन दोनों कवियों ने युग की आवश्यकता के अनुसार वर्ण विभाजन की कट्टरता विवादपूर्ण और अर्थहीन, धार्मिक आडम्बरों एवं झूठे जातीय अभिमान के विरुद्ध आवाज उठाई और सहयोग, सहनशीलता, मानवीयता का शान्तिपूर्ण अमर सन्देश दिया। समदृष्टि, भेदभाव का नाश, पारस्परिक प्रेम, सद्भाव और दया एवं एकता की ध्वनि इन दोनों कवियों के काव्य में पाई जाती है।

आज के समाज में जिन विचारों का श्रेष्ठ सामाजिक मूल्य (Social Values) है जैसे—शोषणरहित सब प्रकार की समानताओं के समाज की स्थापना लोकतंत्र की सफलता के लिए अन्धविश्वासों से रहित विचारपूर्ण नागरिकों की आवश्यकता, आर्थिक समानताओं के लिए स्वावलम्बन और संग्रह प्रवृत्ति का विरोध स्वस्थ समाज के लिए सत्चरित्र का निर्माण, नारी का गौरव और मानवहित के लिए उद्देश्यपूर्ण सरल और सरस भाषा में काव्य की अभिव्यक्ति संत और शिवशरणों के काव्य में पाई जाती है। इस दृष्टि से बीसवीं सदी का मानव समाज इन दोनों कवियों का ऋणी है। वह कितना सुन्दर समाज होगा जो संत और शरणों का काव्य चाहता हो। वहाँ कोई किसी का सामाजिक, आर्थिक, धार्मिक और साहित्यिक शोषण नहीं करेगा। तब लोग सब प्रकार की समानताओं और सुविधाओं का अनुभव करेंगे। लोग परिश्रमी और स्वावलम्बी होंगे। श्रम और श्रमिकों का गौरव होगा। समष्टिहित में ही व्यष्टिहित निहित होगी। स्त्री-पुरुष, निर्बल और सबल समान सुविधाओं को प्राप्त करेंगे। सबके हित का उत्तरदायित्व सब पर होगा। विचारपूर्ण आचरणों से समाज समृद्ध, शान्त और तृप्त होगा। ऐसे समाज की कल्पना संत और शरणों की थी जो इनकी अद्वितीय देन है।

इन दोनों का काव्य एक क्रियात्मक और निर्माण कार्यशक्ति के रूप में हमारे सामने आया, जिससे युग और समाज को अपने रूपविधान की प्रेरणा प्राप्त हुई। इन्होंने जाति-पाँति, ऊँच-नीच, सधन-निर्धन, धर्म-सम्प्रदाय, सबल-निर्बल आदि के भेदभाव से रहित सुन्दर समाज को भेंट के रूप में अपने काव्य द्वारा आधुनिक युग को दिया है। लोगों के दुख-दर्द और उसकी वेदना से फूटकर ही इनके काव्य की सुरसरि बही है। समाज के निम्न स्तर से ऊँचा उठकर इन कवियों ने ये तथाकथित उच्चवर्ग से आगे बढ़ सकते हैं।

संत और शिवशरणों की और एक महत्त्वपूर्ण देन है उनके स्वावलम्बन का सन्देश और संग्रह प्रवृत्ति का विरोध। आलसता, परावलम्बन की प्रवृत्ति और संग्रह की प्रवृत्ति किसी भी समाज को दुर्गति की ओर ले जाती है। इन दोनों कवियों ने अपने काव्य में संग्रह प्रवृत्ति और आलसता का प्रखर खंडन किया है। ये दोनों

कवि मानते थे कि आवश्यकता से अधिक संग्रह करने की प्रवृत्ति ही समाज की आर्थिक व्यवस्था को नष्ट कर देती है।

धर्म के नाम से बाह्याडम्बर और अन्धानुकरण समाज को खोखला और नीरस बना देता है। अन्धश्रद्धा समाज को स्वतंत्र ढंग से सोचने नहीं देती और विकास की ओर जाने नहीं देती। संत और शिवशरणों ने समाज को निष्प्राण और प्रगतिहीन बनाने वाली सब प्रकार की रूढ़ियों एवं अन्धश्रद्धाओं का स्पष्टता से खंडन किया है। आज के वैज्ञानिक युग को, जो कई प्रकार की अन्धश्रद्धाओं से भी जकड़ा हुआ है इन कवियों की मौलिक देन है अन्धानुकरण और बाह्याडम्बरों का तिरस्कार! मूर्तिपूजा, तीर्थयात्रा,जीवबलि, भूतबैतालादि की उपासना, व्रत-नेम-उपवास, छापा तिलक, माला आदि अर्थहीन चरणों से समाज को इन कवियों ने मुक्त किया। इन्होंने आधुनिक युग को सन्देश दिया है कि सम्प्रदाय से सत्य श्रेष्ठ है और भ्रमात्मक बाह्याडम्बरों से स्वानुभाव श्रेष्ठ है।

समकालीन समाज की विकृतावस्था को देखकर संत और शरणों के अन्त:करणों में प्रतिक्रिया उत्पन्न हुई जिसमें एक नये सामाजिक गठन की माँग थी, जहाँ कोई बाह्याचार नहीं।

व्यष्टि के माध्यम से समष्टि के परिष्कार की भावना की अभिव्यक्ति संत और शिवशरणों के काव्य में हुई है। स्वपरिष्कार से इनका तात्पर्य है सामाजिक परिष्कार। यही गुण इनके काव्य को चिरंतन बनाता है और आधुनिक युग को यह एक बड़ी देन है। विचारवान, चरित्रवान और मानवतावादी व्यक्ति ही समाज को स्वस्थ बना सकता है। कपटी चित्तवाला और चरित्रहीन व्यक्ति समाज के लिए कलंक है।

संत और शरणों ने व्यक्ति परिष्कार के लिए काम, क्रोध, लोभ, मोह, मद, मत्सरादि मन के विकारों को त्यागने, कथनी करनी में समन्वय करने, सत्य, दया सहकार, सहानुभूति, सहोदरभाव और नैतिकता के मार्ग पर चलने और सत्संग में रहने का उपदेश दिया है। व्यक्ति परिष्कार के लिए अन्य कई सद्गुणों के उपदेशों से इनका काव्य भरा पड़ा है।

व्यष्टि और समष्टि के हित-अहित इन कवियों के लिए भिन्न-भिन्न नहीं हैं। देश की एकता के लिए आज के समाज की यह माँग है कि प्रत्येक व्यक्ति यह अनुभव करे कि सामाजिक हित में ही उसका हित निहित है। इन दोनों कवियों का यही अमर सन्देश है।

संत और शिवशरणों के लिए काव्य एक साधन मात्र था साध्य नहीं। काव्य सरस्वती के मुकुट में चार चाँद लगाने के लिए और उसकी विलासित की बुद्धि के लिए इन्होंने कभी काव्य की रचना नहीं की थी। पथभ्रष्ट समाज को उचित

मार्ग पर ले चलने के लिए इन्होंने समर्थ और सुचारु ढंग से काव्यास्त्र का उपयोग किया है।

सुखी, संतृप्त और सब प्रकार की समानताओं के समाज की स्थापना के प्रमुख उद्देश्य के लिए उद्देश्यपूर्ण काव्य की रचना सरल, सहज और सरस जन भाषा में इन दोनों कवियों ने की थी। आधुनिक साहित्य संसार को इनकी यह एक बड़ी देन है।

संत और शिवशरणों ने काव्य को राजाश्रय के बन्धनों से मुक्त किया और सामान्य लोगों के सामने लाकर खड़ा कर दिया। इन्होंने जो देखा, अनुभव किया वही लिखा। ग्रंथस्थ ज्ञान का प्रदर्शन इनमें नहीं था। इसीलिए कबीरदास ने कहा है—

"तू कहता कागद की लेखी,
मैं कहता हूँ आखिन देखी।"

**—कबीर**

आधुनिक कवि, पाठक और आलोचक जो यह मानते हैं कि सामाजिक परिवर्तन में साहित्य प्रमुख भूमिका निभा सकता है, इनके काव्य से पर्याप्त मात्रा में प्रेरणा प्राप्त कर सकते हैं।

हिन्दी के संत और कन्नड़ के शरणकालीन अन्त्यज और दलितों की स्थिति अत्यन्त ही दयनीय थी। वर्णव्यवस्था और जाति-पाँति के भेदभाव ने सर्वहारा वर्ग में हीनभावना को जन्म दिया था। वे अपमानित थे। शिवशरण और संत कवियों की इस दिशा में बड़ी देन यह है कि इन्होंने सर्वहारा वर्ग में स्वगौरव और आत्मबल पर बल दिया। इन्होंने दिखा दिया कि मनुष्य जन्म से नहीं कर्म से महान बनता है। संत और शरणों से मुक्त वातावरण में ये विकास की चरम सीमा पर पहुँच गए। जुलाहा कबीर, मोची दादूदयाल, छीपी जाति का नामदेव, वैश्य त्रिलोचन, कुर्मी बुल्ला साहब, मुसलमान धुनिया, दरियासाहब, ढूँसर वैश्य, दयाबाई जैसे संत कवि और कन्नड़ के चमार कक्कय्या, धोबी माचय्या और वेश्या संकव्वे आदि इसके सजीव उदाहरण हैं। विकास की ओर अग्रसर सर्वहारा वर्ग के लिए आज भी प्रेरणा की प्रकाशमय ज्योति हैं।

सबसे बढ़कर संत और शिवशरण मानवतावादी थे। मानवमात्र के प्रति प्रेम भाव इनके काव्य का अमर सन्देश है। विश्व मानव कल्याण में ही इनके काव्य की सार्थकता है। दयाभाव मानवीयता का सजीव उदाहरण है।

'जहाँ दया तहँ है धर्म...' —कबीर
'दया ही धर्म का मूल है...' —बसवण्णा
(दयवे धर्मद मूलवय्या)

विश्व-मानवता के सन्देश में ये दोनों कवि आकाश की ऊँचाई को प्राप्त करते हैं। शिवशरण कवि कभी यह सोच भी नहीं सकते कि कोई उनके लिए पराया है, वे सबको अपने परिवार का सदस्य मानते हैं—

> "यह कौन? यह कौन? यह कौन? ऐसा न कहने दीजिए।
> यह अपना, यह अपना, यह अपना ऐसा कहने दीजिए।
> कूडलसंगमदेव..."

**—बसवण्णा**

संतों ने भी मानवता की एकता का सन्देश अपने काव्य में सर्वत्र दिया है।

> "हम एक, एक करि जाना।
> एकै पवन, एक ही पानी, एक ज्योति संसारा,
> एक ही घड़ै सब भाँडे, एक ही सिरजनहारा।"

**—कबीरदास**

सारे संत और शिवशरण कवियों के काव्य का अमर सन्देश है कि समाज हित में मानव मात्र का हित है। इनके काव्य में प्राप्त सामाजिक चेतना से प्रेरणा प्राप्त कर कोई भी व्यक्ति विश्वमानव हो सकता है।

# प्रो. अंबलगे जी के हिन्दी लेखन

**—डॉ. तेजस्वी कट्टीमनी**

जब कभी मैं अंबलगे जी के लम्बे लेखन और उसके विविध रूपों को याद करता हूँ तो मैं खलील जिब्रान की वह प्रसिद्ध बात याद करता हूँ, 'जीवन का उद्देश्य उसके रहस्य को समझना ही है और उसको समझने का एकमात्र मार्ग है मनुष्य का पागलपन।' हिन्दी और कन्नड़ संतों के अध्ययन के साथ इनका हिन्दी लेखन कार्य प्रारम्भ होता है। तब से अब तक अंबलगे हिन्दी में लिखते ही रहे हैं। कन्नड़ से हिन्दी में और हिन्दी से कन्नड़ में अनुवाद करना इनके लिए प्यार से सराबोर आदत ही है। काशीनाथ की कन्नड़ भाषा बीदर की कन्नड़ भाषा है और उतनी ही सरलता से ये हिन्दी में भी लिख सकते हैं। हिन्दी से कन्नड़ में अनुवाद करनेवाले लोग हमारे यहाँ बहुत हैं। पर कन्नड़ से हिन्दी में अनुवाद करनेवालों में प्रधान गुरुदत्त, तिप्पेस्वामी, भालचन्द्र जयशट्टी, चन्द्रकान्त कुसनूर, बी. ललितांबा और डी.एन. श्रीनाथ आदि जैसे एकाध लेखक मात्र मिलते हें। वह भी वचन साहित्य का अनुवाद और लेखन कार्य एक तपस्या की तरह अंबलगे करते आए हैं। 1999 में 'अधूरे' नामक हिन्दी काव्य संकलन के प्रकाशन के साथ इनका प्रवेश हिन्दी जगत में हुआ है। लघु कविता और लम्बी कविताओं की रचना साथ-साथ करते हुए 'रामराज्य' नामक एक कविता में इनके काव्य सृजन का उद्देश्य मेनिफेस्टो की तरह स्पष्ट है—

कस्बा कल्लप्पा का बेटा/प्लेट धोता है होटल में,
तहसीलदार दयानन्द का बेटा/पढ़ता है कॉन्वेंट स्कूल में,
किसान मोनप्पा की बेटी/मुम्बई की वेश्या वाटिका में,
डी.सी. डेनियल की बेटी/मेरी मेडिकल कॉलेज में,
बैगन पर गांधी टोपी रखो
ठीक मंत्री की तरह लगता है,
तिरुपति में सिर साफ करो
ठीक गांधी की तरह लगता है,

ऐसे दिनों में
प्याज बेचनेवाला विश्वविद्यालय में,
विश्वविद्यालय में रहनेवाला
पान की दुकानों में,
माननीय मंत्रीजी आज
धूम्रपान निषेध संगोष्ठी में,
वही कल रहते हैं तम्बाकू की दुकान
के उद्घाटन की नींव रखने में,
कस्बा कल्लप्पा का बेटा प्लेट धोता है होटल में,
तहसीलदार दयानन्द का बेटा पढ़ता है कॉन्वेंट स्कूल में।

संकलन के जीवरस की तरह यह कविता अंबलगे जी की सामाजिक दृष्टि को स्पष्ट करती है। काशीनाथ अंबलगे शरणान्दोलन की मिट्टी में जन्मे, पले-बढ़े हुए हैं मात्र नहीं, इनकी प्रमुख जीवन घटनाएँ यहीं पर घटती हैं। इसलिए इनकी वैचारिकता पर शरण साहित्य, जिसे वचन साहित्य भी कहा जाता है, का गहरा प्रभाव दिखाई देता है। इनकी हिन्दी कविताओं में शरण साहित्य का सामाजिक आयाम कैसा अभिव्यक्त होता है, देखिए—

वाणी
खंडकाव्य है
तो
मौन महाकाव्य है (-मौन)

अमीर
शिवालय बनाते हैं
तो
गरीब उसके पत्थर बनते हैं।

इस प्रकार ये हिन्दी में तो लिखते ही हैं पर इनकी मूल काव्यधारा कन्नड़ काव्य की ही है। काशीनाथ लघु कविता और गजल कवि के रूप में ही जनप्रिय हैं—

सारी दुनिया
होगी आस्तिक,
पर मन्दिर का
पुजारी पक्का नास्तिक (-नास्तिक)

उपरोक्त लघु कविता में वामपंथी विचारधारा में रुचि रखनेवाले अंबलगे का व्यंग्य स्पष्ट होता है।

'शरण और संत-सामाजिक चिन्तन' ग्रंथ में अंबलगे ने कन्नड़ के शरण और हिन्दी साहित्य और संत साहित्य की समग्र विशेषताओं को हिन्दी पाठकों के सम्मुख रखने का प्रयास किया है। शरण साहित्य की प्रधान विशेषताएँ—जाति नाश, कायक (श्रम), गुरु का महत्त्व, अन्धश्रद्धाओं का विरोध, ग्रंथस्थ ज्ञान का तिरस्कार, काव्य रूप, व्यक्तिगत सुधार से सामाजिक सुधार और संत-शरण साहित्य की प्रमुख देन आदि दोनों भाषाओं के भक्ति साहित्य को पाठकों से परिचय कराने का प्रयास इस ग्रंथ में हुआ है।

अंबलगे जी के हिन्दी लेखन कार्य की विशेषता है कि 'अधूरे शब्द' काव्य संकलन से लेकर 'बसवेश्वर : काव्य शक्ति और सामाजिक शक्ति', 'बसवादी, शरणों के साहित्य में सामाजिक चेतना', 'वचन साहित्य और संत साहित्य का समाजशास्त्र', 'अक्कमहादेवी और स्त्री विमर्श', नामक पुस्तकों तक वे संत शरण साहित्य पर पुनः-पुनः चिन्तन करते ही रहे हैं। इन ग्रंथों में शरणों के सामाजिक चिन्तन की परीक्षा, इनमें नये अर्थों को खोजने का कार्य निरन्तर अंबलगे करते ही रहे हैं। इन्होंने बड़े ही वैज्ञानिक ढंग से विश्लेषण-विवेचन किया है कि "जाति व्यवस्था ने शरणों को किस प्रकार चिन्तित किया था और उन्होंने इसकी मुक्ति का मार्ग कैसा ढूँढ़ निकाला था। संत शरण उभय भाषा कालीन समाज में भी मनुष्य का अस्तित्व उनकी जाति के आधार पर ही गिना जाता था, न कि गुण और कार्यों से। अपने आपको धर्म के ठेकेदार समझनेवाले धर्मान्धों ने धर्म के नाम पर लोगों का शोषण किया था। यहाँ अन्त्यजों के शोषण की कोई सीमा न थी। इस प्रकार मानवीयता के स्थान पर इस देश में क्रूर अस्पृश्याचरण का आचरण होता था। गाँवों में प्रवेश करते समय अस्पृश्य लोगों को चीखते हुए आना पड़ता था, ताकि लोग इनकी परछाइयों से भी अपने आपको बचा सकें। अन्त्यजों की ऐसी हीन स्थिति किसी देश और समाज के लिए एक अपमान का विचार है। अन्त्यजों की ऐसी स्थिति देखकर संत और शरणों का हृदय रोने लगा। ऐसी व्यवस्था के विरोध में इन्होंने लिखा।"

उपरोक्त विश्लेषण में कवि काशीनाथ अंबलगे के सामाजिक विज्ञानी होने की बात स्पष्ट हो जाती है। इनके हिन्दी लेखन भर में शरण संतों की समाजिक चेतना की तरह ही इनकी सामाजिक चेतना की दृष्टि एकाकार लगती है, यह बहुत स्पष्ट है। 'बसवादी शरणों के साहित्य में सामाजिक चेतना' नामक ग्रंथ में भी शरण संत काव्य को लेकर, उनके विविध सामाजिक आयामों को लेकर अंबलगे जी का चिन्तन जारी है। इनकी हिन्दी पुस्तकों में बसवेश्वर और कबीर, अक्कमहादेवी और मीराबाई को समय-समय पर तुलनात्मक दृष्टि से अध्ययन किया गया है। बसवण्णा और कबीर

पर अंबलगे ने बिना किसी थकावट के लिखा है। अक्कमहादेवी के व्यक्तित्व में विविध आयाम एवं उनके वचनों के सन्देश के बहुत्व को हिन्दी पाठकों में चित्रित करने में और अक्कमहादेवी की संवेदना को स्पष्ट करने में अंबलगे के उत्साह की कोई सीमा नहीं है। इस प्रकार वचनकारों पर हिन्दी में लिखने के साथ-साथ उनके वचनों का हिन्दी में अनुवाद भी करते रहे हैं। इस तरह एकाध बार एक ही वचन का अनुवाद दो-दो बार या तीन बार विविध सन्दर्भों में विविध रूपों में किया है। अंबलगे जी के वचनानुवादों को देखने पर, स्मरण होने लगता है कि मराठी के ज्ञानपीठ पुरस्कृत कवि विंदा कारंदीकर जी ने जो बारहवीं सदी के अनंतर हुए ज्ञानेश्वरी के 'अमृतानुभव' का आज की मराठी में अनुवाद किया है।

इस प्रकार मराठी से मराठी में किए गए अनुवाद को विंदा कारंदीकर ने 'अर्वाचीनीकरण' कहा है जो भारतीय अनुवाद के इतिहास में एक प्रमुख पड़ाव कहा जा सकता है। कन्नड़ के वचन साहित्य का हिन्दी में अनुवाद बहुतों ने किया है। पर वचन साहित्य को हिन्दी पाठकों तक पहुँचाने का काम अंबलगे का विशेष प्रकार का है। हम सब जानते हैं कि विद्वान डॉ. एम.एम. कलबुर्गी जी जैसों ने सारे जीवन में वचन साहित्य का अनुसंधान, सम्पादन और विश्लेषण किए हैं। दुख की बात यह है कि इनका प्रयास कन्नड़ की सीमा से बाहर नहीं गया है। काशीनाथ के अनुवाद और हिन्दी के लेखन कार्य से वचन साहित्य आज हिन्दी के विस्तार को छू गया है। हिन्दी द्वारा सब भारतीय भाषाओं के पाठकों तक वचन साहित्य पहुँच गया है। इस प्रकार अंबलगे जी ने विंदा कारंदीकर की तरह वचन साहित्य को आधुनिकीकरण करने के साथ-साथ उसको वैश्वीकरण का रूप भी दिया है।

साहित्य का समाजशास्त्रीय अध्ययन आज का महत्त्वपूर्ण अध्ययनशास्त्र कहलाता है। अन्तर्राष्ट्रीय अध्ययन के सन्दर्भ में साहित्य का अध्ययन समाजशास्त्रीय केन्द्रित अध्ययन करना पाश्चात्य चिन्तकों की देन स्वीकार करने में राष्ट्रीय स्तर के कई पंडित पीछे नहीं हटते हैं। पर इस प्रकार की अन्तर्राष्ट्रीय अध्ययन की सम्भावनाओं को बारहवीं सदी के बसवेश्वर और अनेक दलित वचनकारों ने अप्रज्ञापूर्वक रूप से अभिव्यक्त किया है। 'वचन साहित्य और संत साहित्य का समाजशास्त्र' नामक अपने ग्रंथ में काशीनाथ अंबलगे जी ने वचन साहित्य और संत साहित्य का समाजशास्त्रीय अध्ययन अपने-अपने सन्दर्भ की परिस्थितियों की पृष्ठभूमि में विश्लेषण किया है। वे लिखते हैं, 'भारतीय समाज को भावनात्मक एकता की आवश्यकता है। भारतीय संस्कृति की एकता के तत्त्वों को प्रकाश में लाना ही मेरा उद्‌देश्य है। ये तत्त्व विभिन्न भारतीय प्रादेशिक भाषा साहित्य में अभिव्यक्त हुए हैं। भारतीय साहित्य को अनेक भाषाओं में अभिव्यक्त एक ही विचार होने की बात स्वीकार करने में कोई गलती नहीं है।' इस प्रकार भारत की महत्त्वपूर्ण मूलदृष्टि

'एकता' के अनुसंधान की आवश्यकता के महत्त्व की अभिव्यक्ति लेखक करते हैं। शरण, संत साहित्य को सामाजिक सन्दर्भ में रखकर पुनर्मूल्यांकन करना अंबलगे जी की बहुत बड़ी देन है।

कन्नड़ में वचन साहित्य का अध्ययन बहुतों ने स्वाभिमान और श्रद्धा की पृष्ठभूमि में ही किया है। इसलिए वचन साहित्य की सृजनशील शक्ति के रूप में 'समानता' का तत्त्व विशेष रूप से प्रकाश में नहीं आया था। हिन्दी संत साहित्य के अध्ययन और लेखन में भी ऐसा ही हुआ है। संतों का वैभवीकरण करते हुए, उनके साहित्य को देववाणी कहते हुए आम आदमी से दूर अलौकिक कर दिया गया है। पर अंबलगे जी ने संत साहित्य को आधुनिकोत्तर विवेक के प्रकाश में और आज के सन्दर्भ में विश्लेषण किया है। इस प्रकार नहीं लिखा गया है। वह महिला साहित्य इतिहास है। महिला साहित्य की ओर ध्यान न देनेवाले आलोचक और साहित्येतिहासकारों के पीछे हाथ धोकर पड़ते हैं काशीनाथ अंबलगे। इनके दो ग्रंथ 'अक्कमहादेवी और स्त्री विमर्श' एवं 'बारहवीं सदी की कन्नड़ कवयित्रियाँ और स्त्री विमर्श' हैं जिनमें काशीनाथ अंबलगे ने अक्कमहादेवी और निम्नवर्ग की महिला वचनकार्त्रियों के वचनों में अभिव्यक्त विद्रोही स्वभाव का परिचय दिया है। अक्कमहादेवी की पुस्तक में लिखी प्रस्तावना कन्नड़ वचन साहित्य का प्राक्कथन लेख लगता है। 'वचन साहित्य का अर्थ क्या है?' समझाते हुए वचन साहित्य के वचनकारों के बारे में लिखते-लिखते कहते हैं कि 'कथनी और करनी का सुन्दर समन्वय वचन साहित्य आन्दोलन में देखा जा सकता है।' वचनकारों की अन्तरंग-बहिरंग शुद्धि के बारे में लिखते हुए लेखक कहते हैं, 'इन्होंने जो अनुभव किया उसी की अभिव्यक्ति वाणी द्वारा की थी और जो अभिव्यक्त किया उसी को जीवनदर्शन बनाया। उनका जीवनदर्शन ही काव्य दर्शन था और उनकी जीवनशैली भी वही थी।' 'हमारे देश के वस्तुनिष्ठ दृष्टिकोण अपनाते हुए हजारीप्रसाद द्विवेदी की अनुसंधानात्मक मनोभावना को सक्षम रूप से आगे ले चल रहे हैं अंबलगे। कबीर मठ की सन्दूकों में सड़ते हुए कबीर साहित्य को प्रकाश में लाकर उसे एक विस्तृत भूमिका देनेवाले द्विवेदी जी ने सारे हिन्दी लोक को आश्चर्य में डाल दिया था। काशी के पंडित आज भी उनके नाम पर रोते हैं। ऐसे हजारीप्रसाद द्विवेदी की सुनीति अंबलगे जी के हिन्दी लेखन पर स्पष्ट प्रभाव देखने को मिलता है।

शरण और संतों में से कोई राजाश्रय में नहीं थे। बसवण्ण जिस राजाश्रय में थे उसी राजाश्रय को क्रान्ति में सहायक सिद्ध करना आज एक इतिहास है। पतितों के प्रति इनमें असीम सहानुभूति और करुणा थी। जात-पाँत, व्रत, तीर्थ, अन्धविश्वास, वेद-पुराणों के प्रति इनके मन में ऊँची आवाज में विद्रोह था। ये अंबलगे के हिन्दी लेखन के प्रमुख अंश और विशेषताएँ हैं।

हिन्दी की प्रसिद्ध आलोचक सुमन राजे ने लिखा है कि अब तक का भारतीय साहित्य इतिहास लेखन आधा-अधूरा साहित्य का इतिहास ही है। अभी आधा जो प्राचीनतम इतिहास में सदैव उपेक्षित वर्ग को बोलने का अधिकार कन्नड़ के वचन साहित्य के सन्दर्भ में ही मिला था। ऐसा कहने में लेखक ने अपने स्त्रीवादी दृष्टिकोण को स्पष्ट किया है। अक्कमहादेवी और अन्य महिला वचनकारों के वचनों पर विस्तार से लिखते हुए उनके वचनों का हिन्दी में अनुवाद भी किया है। उनके अनुवाद पर विस्तार से लिखी गई भूमिका ने वचनाकर्त्रियों के अध्ययनाकांक्षियों के क्षेत्र को विशाल कर दिया है। युगोस्लाविया की प्रसिद्ध घोषणा है कि 'Poetry is a country without frontiers'. अंबलगे के इन ग्रंथों ने वचन साहित्य के क्षेत्र को सारे विश्व में फैला दिया है। जैसा कि हम सब जानते हैं हिन्दी साहित्य आज भारत में मात्र सीमित नहीं है। विश्व के विदेशी 120 विश्वविद्यालयों में हिन्दी सिखाई जाती है। विदेश में हिन्दी सीखनेवाले हिन्दी भाषा क्षेत्र भारत में कुछेक दिन अध्ययन के लिए आते हैं। यहाँ का साहित्य, विशेषत: हिन्दी साहित्य अध्ययन करने का प्रयास करते हैं। ऐसे अध्ययन करनेवालों के लिए अंबलगे द्वारा हिन्दी में वचन साहित्य उपलब्ध है। एक समय था जब भारत को विदेशों से जोड़ने का काम अंग्रेजी भाषा से होता था। आज वही काम हिन्दी कर रही है। जागतीकरण की वजह से व्यापारीकरण के द्वारा बहुराष्ट्रीय कम्पनियाँ अपने व्यापार के लिए भारतीय भाषाओं को अपने व्यापार की भाषा स्वीकार करने लगीं। इस रणनीति की पृष्ठभूमि में सर्वप्रथम विदेशों में हिन्दी जोरों से सिखाने लगे। ऐसे व्यापारीकरण के माहौल में जो साहित्यिक चमत्कार घटते हैं, इसकी संख्या कोई कम नहीं है।

सितम्बर 2009 में हंगरियन स्कॉलरशिप बोर्ड के निमंत्रण पर मैं हंगरी देश के पाँच विश्वविद्यालयों में अध्ययनरत था। इस सांस्कृतिक यात्रा को विस्तार देने के रूप में बेल्जियम देश के सदियों पुराने गेंट विश्वविद्यालय के इंडोलॉजी विभाग की विनती पर तीन दिनों के लिए गया था। गुरुवार के एक दिन सुन्दर शाम को मेरा भाषण था। कन्नड़ भाषा और साहित्य को लेकर बात करने के लिए वहाँ साथियों ने मुझे पहले ही बुडापेस्ट में विनती की थी। पवर पॉइंट की प्रस्तुति के लिए सुविधाजनक तैयारी मेरे लैपटॉप में मैंने कर ली थी। लगभग पचास-साठ लोग थे। सभी के गले में रुद्राक्ष माला थी। आधा से अधिक लोग चालीस-पचास वर्ष की उम्र के थे। सामने बैठी एक वृद्धा के हाथों में तुलसीमाला थी। उनमें बहुत लोगों के मन में भारतीय धर्म, योग, ध्यान के प्रति जिज्ञासा थी। मेरा भाषण अंग्रेजी में था ही, और विवरण भी मैं अंग्रेजी में ही दे रहा था। 'कन्नड़' जैसे शब्द के बारे में सभा में उपस्थित लोगों में आश्चर्य दिख रहा था। बहुत लोगों को कल्पना भी नहीं थी कि कर्नाटक नामक एक राज्य भी है। प्रश्नोत्तर के समय में बहुतों ने कहा कि वे भारत

गए थे। एक बुजुर्ग तो मेरे पीछे पड़े हुए थे कि 'कन्नड़ लिखकर दिखाओ।' ऐसे गोल-गोल अक्षर प्राय: उन्होंने देखा भी नहीं था, इसलिए चकित थे। इतने में सामने बैठी एक सुन्दर युवती, जिसकी उम्र लगभग तीस की रही होगी, उसने प्रश्न किया कि 'इष्टलिंग' का क्या अर्थ होता है? मेरे पास उत्तर नहीं था, ऐसा दार्शनिक प्रश्न पूछा जा सकता है, यह मैं सोच भी नहीं सकता था। जो मैं जानता था, समझाया और युवती को चुप कराया। भाषण के बाद भारतीय जलपान की व्यवस्था थी। गरम-गरम जलेबी और समोसा खाती हुई उस युवती ने मुझे फिर बातों में ले गई। उसके प्रति मेरी जिज्ञासा दुगुनी हुई। मैंने पूछा, "'यह इष्टलिंग' आपको कहाँ से मिली?" उसने कहा कि इस बीच वह बनारस गई थी। तीन महीने बनारस हिन्दू विश्वविद्यालय में कोर्स वर्क पूरा कर लौटते समय दिल्ली के 'राधाकृष्ण प्रकाशन' में बसवण्णा और अक्कमहादेवी सम्बन्धी पुस्तकें परचेज करना हुआ।

मैंने पूछा, "इसके लेखक काशीनाथ अंबलगे हैं, ठीक है?"

उसने जवाब दिया, "एस सर्टेनली।"

अक्कमहादेवी के बारे में और अधिक जानने का उत्साह दिखाया उसने। कन्नड़ सीखकर एक बार बंगलोर आने की इच्छा जताई। जरूरत पड़ने पर सम्पर्क करने के लिए मैंने अपना ई-मेल आइडी दे दिया।

मुझे तो बहुत खुशी हुई। हमारे बसवण्णा, अक्कमहादेवी ने यूरोप के लोगों के मन को चंचल कर दिया है न? इस प्रकार हमारा वचन साहित्य कन्नड़ की सीमा को पार कर विश्व साहित्य बन गया है काशीनाथ अंबलगे की इन वचन साहित्य सम्बन्धी पुस्तकों से। यह तो मेरे लिए गर्व का विचार लगता है। कन्नड़ भाषा और साहित्य को—विशेषत: वचन साहित्य को अंबलगे की देन की कोई कीमत नहीं लगाई जा सकती है। इनका हिन्दी अनुवाद श्रेष्ठ अनुवाद के लिए एक आदर्श है। काशीनाथ अंबलगे अपने सारे जीवन में वचन साहित्य को ओढ़ा है और पहना है, इतना ही नहीं वचन साहित्य अंबलगे के लिए जीवनप्राण है। ऐसे वचन साहित्य को योग की तरह, याग की तरह और व्रतनिष्ठा की तरह स्वीकार करनेवालों में फ.गु. हळकट्टी, डॉ. एम.एम. कलबुर्गी प्रमुख हैं। मेरा प्रिय स्नेही काशीनाथ अंबलगे ऐसे श्रेष्ठों की पंक्ति में ठहरते हैं—ऐसा कहने में मुझे कोई अतिशयोक्ति नहीं लगती है। क्योंकि बारहवीं सदी के साहित्य को विस्तार से अंबलगे जी ने हिन्दी में अभिव्यक्त किया है। 'इनकी लिखी अक्कमहादेवी और निम्नवर्ग के वचनकारों का हिन्दी ग्रंथ पढ़ने के बाद लगता है कि भारतीय महिला आन्दोलन और दलित आन्दोलन के इतिहास को फिर से नये सिरे से लिखना पड़ता है।'

ऐसे विचार एक बार इन्दिरा गांधी मुक्त विश्वविद्यालय के स्कूल बोर्ड मीटिंग में प्रसिद्ध दलित लेखक डॉ. विमल थोराट ने कहा था, जो अभी मेरे मन में हरा-भरा

है। ऐसा इनके हिन्दी साहित्य ने कन्नड़ और उसके साहित्य को सार्वत्रीकरण करने में प्रमुख स्थान निभाया है।

अंबलगे सब प्रकार से परिपूर्ण लेखक हैं। लेखन चाहे कन्नड़ हो या हिन्दी, ये अपने अन्तरंग को खोलकर लिखते हैं। अमृता प्रीतम लिखती हैं, अपनी आत्मकथा में कि 'दो प्रकार के लेखक होते हैं—एक लेखक, दूसरे लेखक की तरह दिखानेवाले।' अंबलगे जी नि:शंक पूर्णरूप से लेखक हैं—देसी लेखक हैं।

## सन्दर्भ ग्रंथ


1. अधूरे शब्द, 1999 (काव्य)
2. शरण और संत : सामाजिक चिन्तन, 2005
3. बसवेश्वर : काव्य शक्ति और सामाजिक शक्ति, 2006, लोकभारती प्रकाशन, इलाहाबाद।
4. बसवादि शरणों के साहित्य में सामाजिक चेतना, 2006
5. काव्य माधुरी, 2007
6. वचन साहित्य और संत साहित्य का समाजशास्त्र, 2007, राजपाल एंड संस, दिल्ली
7. अक्कमहादेवी और स्त्री विमर्श, राधाकृष्ण प्रकाशन, दिल्ली
8. बारहवीं सदी की कन्नड़ कवयित्रियाँ और स्त्री विमर्श, 2008, राधाकृष्ण प्रकाशन, दिल्ली

(उपरोक्त सभी ग्रंथ डॉ. काशीनाथ अंबलगे के हैं)



**—डॉ. तेजस्वी कट्टीमनी**

(माननीय कुलपति, इन्दिरा गांधी अन्तर्राष्ट्रीय आदिवासी विश्वविद्यालय, मणिकंठ (म.प्र.)

**अनु. : काशीनाथ अंबलगे**


(कर्नाटक साहित्य अकादमी बेंगलोर से प्रकाशित ग्रंथ का एक लेख)

# अर्थ निर्देश

## गुरु

गुरु को सामान्यत: स्पर्श-मणि की उपाधि दी गई है; जो लौह समान शिष्य को अपने स्पर्श से कंचन बना देता है। लिंगायत के अनुसार गुरु ज्योति-स्वरूप होता है और जब शिष्य को अनुगृहीत करता है तो शिष्य में ज्योति जगाता है, अपने समान शिष्य को भी ज्योतिर्मय बना देता है। दीक्षागुरु, शिक्षागुरु और मोक्षगुरु के रूप में गुरु के तीन आयाम होते हैं। लिंगायत में ज्ञान प्राप्ति के बाद गुरु-शिष्य समान होते हैं।

## लिंग

लिंग का तात्त्विक अर्थ परतत्त्व, सच्चिदानन्द स्वरूप दीक्षा देते समय, गुरु भक्त को लिंग देता है। मन्दिर में स्थापित लिंग को लिंगायत स्थावर कहते हैं, जो जड़ है इसलिए उसकी आराधना तिरस्कृत है। इष्टलिंग पूजा शिवयोग या लिंगांग सामरस्य कहलाती है।

## जंगम

जंगम जीव उन्मुक्त होते हैं और भक्तों को आध्यात्मिक और विवेक साधना में मार्गदर्शन करते हुए पर्यटन करते रहते हैं। जंगम चैतन्य, चलनशील, परिवर्तनशील समाज का प्रतीक भी है।

## प्रसाद

गुरु लिंग या जंगम का दिया हुआ सब कुछ प्रसाद अर्थात् पवित्र है, स्वीकार योग्य है। व्यक्ति जो भोग रहा है उसे यदि इस समाज का दिया हुआ मानता है, तो वस्तु योग की पवित्रता बढ़ती है। प्रसाद का शाब्दिक अर्थ भी देवार्पित वस्तु है।

## दासोह

विनयभाव से प्रामाणिक परिश्रम करना और अर्जित धन या वस्तु को अधिक संग्रह न कर सामाजिक हित के लिए देना दासोह है। इसमें देनेवाला अहम से मुक्त है और लेनेवाला हीनभाव से मुक्त है।

## अष्टावरण

आध्यात्मिक क्षेत्र में शिवयोग के सत्-चित्-आनन्द की प्राप्ति के लिए भक्त के लिए अष्टावरण का आयोजन किया गया है। साधना के लिए भक्त की अष्ट-आवरणों के रूप में ये तत्त्व भक्त की रक्षा करते हैं। ये हैं—गुरु, लिंग, जंगम, पादोदक, प्रसाद, विभूति, रुद्राक्षी, मंत्र।

## पंचाचार

भक्त की साधना के लिए पाँच आचारों का निश्चय किया गया है। वे हैं—लिंगाचार, सदाचार, शिवाचार, भ्रत्याचार और गणाचार।

## षट्स्थल

शिवयोग साधना में भक्त के विकास के लिए छह आयामों का आयोजन है, जो इस प्रकार है—भक्तस्थल, माहेश्वरस्थल, प्रसादीस्थल, प्राणलिंगि स्थल, शरणस्थल और ऐक्यस्थल।

तात्त्विक दृष्टि से अष्टावरण अध्यात्म की पंचाचार समाजमुखी आचार संहिता या संविदा का द्योतक है। षट्स्थल साधना ऊर्ध्वमुखी विकास की यात्रा है।

# इसी लेखक के और भी प्रकशित ग्रन्थ

## हिन्दी

(1) अधूरे शब्द (कविता संकलन)
(2) आधुनिक हिन्दी काव्य प्रकाश (सं.)
(3) संतों और शिवशरणों के काव्य में सामाजिक चेतना
(4) शरण और संत : सामाजिक चिन्तन
(5) बारहवीं सदी की कवयित्री : अक्क महादेवी और स्त्री विमर्श, (राधाकृष्ण दिल्ली)
(6) बसवेश्वर : काव्य शक्ति और सामाजिक शक्ति : (लोकभारती, इलाहाबाद)
(7) वचन साहित्य और संत साहित्य का समाज शास्त्र (राजपाल, दिल्ली)
(8) शिवयोगी सिद्धरामेश्वर
(9) बसवादि शरणों के साहित्य की सामाजिक चेतना
(10) बारहवीं सदी की कवयित्रियाँ और स्त्री विमर्श (राधाकृष्ण, दिल्ली)
(11) बसवेश्वर : समता की ध्वनि
(12) चन्नबसवण्णा : ज्ञान की निधि
(13) अल्लम प्रभु : प्रतिभा का शिखर
(14) सिद्धरामेश्वर : व्यक्ति-कृति
(15) मोकिंगे मारय्या-मोकिंगे महादेवी
(16) हड़पद अप्पण्णा-लिंगमा
(17) आय्दक्की मारय्या-आय्दक्की लक्कम्मा
(18) उरिलिंग पेद्दी-काळव्वे
(19) वचन चिन्तन
(20) गांधीगिरी

## कन्नड़ से अनूदित

(21) सिद्धरामेश्वर के चुने हुए १०८ वचन (अनु.)
(22) बसव चेतना (अनु.)
(23) चन्द्रगिरि के किनारे कन्नड़ उपन्यास, किताब घर-दिल्ली
(24) हिन्दी-कन्नड़-हिन्दी संवाद पुस्तक
(केन्द्रीय हिन्दी निदेशालय, दिल्ली)

## कन्नड़ ग्रन्थ

(25) मुवत्तैदु कवनगळु, (काव्य)
(26) इन्नष्टु कवनगळु (काव्य)
(27) हुलु मेलिन हनिगळु, (लघु कविताएँ)
(28) कौदि (काव्य)
(29) कबीरदासरू (कर्नाटक साहित्य अकादमी, बेंगळोर)
(30) शिवशरण पाटिल जवळी : व्यक्ति - कृति (सं)
(31) दासोह (सं.) रंग शिबिर स्मरणिका
(32) अध्यक्षीय भाषण (जिल्हा कन्नड़ साहित्य परिषद, बीदर)
(33) महिला वचन (सं.)
(34) शब्दद बेडगु (सं.)
(35) शरणरू हागु संतर सामाजिक काळजी
(कन्नड़ साहित्य परिषतु, बेंगलोर)
(36) शरणरू हागु संतर आदर्श समाज
(प्रसारांग गुलबर्गा विश्वविद्यालय)
(37) चुळुकादिरय्या काव्य)
(38) शरणु शरणार्थी गजलगळु (काव्य)
(39) मूवत्तक्के मुनुरू (काव्य)
(40) हाडुगळु उळदाव (काव्य)
(41) बेऊ-बेल्ल (काव्य)
(42) शरणेयरू हागू महिळा सम्पन्नमूल (सं)
(43) शरण साहित्य मत्तु संत साहित्य : जनपर चिन्तनेगळु

(44) जगदगल मुगि लगल
(45) दारी दीपगळु

## हिन्दी से अनूदित

(46) समकालीन पंजाबी कवितेगळु
(सं. कर्नाटक साहित्य अकादमी बेंगलोर)
(47) कोगिले अळुतिदे (अनु.) 200 पंजाबी कविताएँ
(48) सौन्दर्य शास्त्र (अनु.) कर्नाटक ललित कला अकादमी, बेंगलोर
(49) ओदी अळुवदु (अनु.)
(50) सफदर हाश्मियवर मक्कळ नाटकगळु (अनु.)
(51) रामजी जागृतनाद (अनु. एनबीटी, दिल्ली)
(52) गजल घलु घलु
(53) रंगु रंगीन गजलगळु
(54) गजलोत्सव
(55) बिरुगाळिगके शान्तरागिरी
(56) पंत अवर कवितेगळु
(57) दिनकर अवर कवितेगळु
(58) अज्ञेय अवर कवितेगळु
(59) महादेवी वर्मा अवर कवितेगळु
(60) उमाशंकर जोशी अवर कवितेगळु
(61) रघुवीर सहाय अवर कवितेगळु
(62) अंबेडकर कवितेगळु
(63) पाश् अवर कवितेगळु
(64) अँधेर नगरी-कुरूडर आने
(एरडु हिन्दी नाटकगळु)

## कन्नड़

(65) सतिये साकियाद कविसमय
(66) लंडन् डाट काम (यात्रा अनुभव)

(67) वचन विचारोत्सव
(68) गांधी जीवन मौल्यगळु
(69) ऐसिरी ऐनूरू हनिगळु
(70) साविरद हनिगवितेगळु
(71) आयद 71 कन्नड़ गजलुगळु
(72) आयद 71 कन्नड़ कवितेगळु
(73) आयद 71 हिन्दी कवितेगळु
(74) आयद 71 अनुवाद कवितेगळु